Johann Ludwig Wilhelm Scherer

Die schönsten Geistesblüten des ältesten Orients

Für Freunde des Großen und Schönen

Literaricon

Johann Ludwig Wilhelm Scherer

Die schönsten Geistesblüten des ältesten Orients

Für Freunde des Großen und Schönen

ISBN/EAN: 9783959135559

Auflage: 1

Erscheinungsjahr: 2017

Erscheinungsort: Treuchtlingen, Deutschland

Literaricon Verlag UG (haftungsgeschränkt), Uhlbergstr. 18, 91757 Treuchtlingen. Geschäftsführer: Günther Reiter-Werdin, www.literaricon.de. Dieser Titel ist ein Nachdruck eines historischen Buches. Es musste auf alte Vorlagen zurückgegriffen werden; hieraus zwangsläufig resultierende Qualitätsverluste bitten wir zu entschuldigen.

Printed in Germany

Cover: Rudolf Ernst, Der Parfümmacher, Abb. gemeinfrei

Die schönsten

GeistesBlüthen

des

ältesten Orients,

für Freunde

des Grossen und Schönen.

—————◆◆◆—————

Gepflückt von

Joh. Ludw. Wilh. Scherer.

———————————————

Carlsruhe,

in Macklots Hofbuchhandlung.

1 8 0 9.

Ihrer Hoheit

Wilhelmine Louise

Groß und Erbprinzeßinn

von Heßen ꝛc.

Der erhabenen Verehrerinn

alles Großen und Schönen,

widmet

diese Schrift,

mit den Empfindungen

der tiefsten Ehrfurcht

der Verfaßer

Vorrede.

Unstreitig fassen die heiligen Schriften der Hebräer vortreffliche Poesien in sich; allein nur der kleine, gelehrtere Theil der Zeitgenossen kennt sie, und dem größeren, gebildeten Publikum blieben sie bis jetzt, beinahe ganz verborgen. Warum? Luthers Uebersetzung jener Schriften zeigt nicht den poetischen Theil derselben genug, und eine Anthologie der alten hebräischen Dichter, für die gebildete deutsche Lesewelt, fehlt uns noch.

Und doch sollten wir die GeistesBlüthen des ältesten Orients hochschätzen, weil sie die ältesten

Denkmäler des menschlichen Geistes sind, und sich, durch Natürlichkeit, Schönheit und Kraft, auszeichnen. Fast alle Gattungen der Poesie geben uns die Hebräischen Dichter.

Ich überreiche daher meinen gebildeten Zeitgenossen, welche Freunde des Großen und Schönen sind, eine Sammlung der schönsten Geistes=Blüthen der ältesten hebräischen Dichter, die uns den ältesten Orient zeigen, in der frohen Hoffnung, daß ihnen solche einen angenehmen Genuß gewähren mögen. Vielleicht, daß sie mit Ehrfurcht, gegen den hohen, bindenden Geist der heiligen Schriften der Hebräer, wie gegen griechische und römische Poesien und Weisheits = Sprüche, erfüllt würden.

Die hebräischen Poesien sind, nach dem Original, treu wieder gegeben, nur schade, daß die deutsche Sprache die Kürze der hebräischen nicht ganz ausdrücken kann. Meine Entwicklungen der

Gedichte gingen aus dem Worte und Geiste derselben hervor. Wer sich solche, hin und wieder anders erklären will und kann, mag es. Ein poetisches Gemälde läßt sich oft von mehr als einer Seite anblicken. Daß ich manches Gedicht, mit starken Zügen, entwickelt habe, wird der Leser, dem die feurige Dichtung des Orients nicht unbekannt ist, des Gegenstandes angemessen finden. Wer mich deshalb schmähen wollte, den verweise ich auf Herder den Kenner der Kunst, der ein orientalisches Gedicht, auch im orientalischen Sinne, erklärte.

Habe ich keine unwillkommene Arbeit geliefert: so erscheint noch ein zweites Bändchen, in welchem ich die übrigen schönen GeistesBlüthen der hebräischen Dichter mittheilen werde. Denn bei der Menge derselben war ich oft in Verlegenheit, welche ich zuerst pflücken sollte. Nach dem Plane dieser Schrift werde ich auch: die schönsten

GeistesBlüthen des christlichen Bundes
ehestens herausgeben.

Berstadt im Grosherzogthum Hessen,
am 18. July 1808.

Scherer.

Innhalts=Anzeige.

Druckfehler.

In Abwesenheit des Verfassers.

Seite 9 Zeile 8 von oben lese statt Tigo, Tiger
— 10 — 10 von unten— — diesen, tiefen
— 13 — 6 t. o. — — doch, dich
— — — 11 v. o. — nach essen statt ein
. — :
— 15 — 5 v. o. — — eine, einer
— — — — v. o. — — andere, andern
— 16 — 12 v. o. — — der, dem
— 18 — 7 v. u. — — Croasten, Cera-
stenhöhlen
— 21 — 2 v. o. — — Lohmanns, Lok-
manns
— — — 9 v. o. — — Candes, Landes
— 24 — 3 v. u. — — weiser, weise
— 25 — 10 v. o. — — Er, Es
— 30 — 13 v. o. — — Prokrit, Theo-
krit
— 33 — 2 v. o. — — bewahren, berühren
— — — 2 v. o. — — Seiten, Saiten
— — — 9 v. o. — — Gáran, Haran
— 38 — 1 v. o. — — Liebe, Linke
— 52 — 14 v. o. — — Salamith, Sulamith
— 59 — 5 v. o. nach Königin ein .
— — — 9 v. u. fällt nach es so weg
— 60 — 8 v. u. — —erwácht, erwacht
— 64 — 6 v. o. — — Traubenblüte,
Traubenblute
— — — 11 v. u. — — reigt, neigt
— — — 7 v. u. — — Denn, Dan
— 70 — 1 v. o. — — Assar, Asser

Seite 70 Zeile 10 von oben lese statt Kamke, Kampfe

— 72 — 2 v. o. — — unverdientes, un=
verdiente

— 73 — 1 v. o. — — Mutterliebe, Mut=
terleibe

— 74 — 5 v. u. — — Die, Dir

— — — 3 v. u. — — bedeckter, belieb=
ter

— 78 — 12 v. o. — — Stimmen, Stäm=
men

— 80 — 13 v. o. — — zurük, zurück

— 81 — 7 v. o. — — Götzendienstes,
Gottesdienstes

— 87 — 7 v. u. — — Da, Die

— 88 — 5 v. u. — — de, die

— 89 — 16 v. o. — — Der sich, Der Sitz

— 89 — 16 v. o. — — Majestät ihm einzig,
Majestät; ihm werden einzig

— 92 — 11 v. o. — — horchen horchend,
horchend horchen

— 99 — 1 v. o. nach geschwinder ist aus
ausgelassen

— 102 — 10 v. u. — — berechneter, be=
rechneten

— 103 — 2 — — Israeliten, Ju=
däer

— 116 — 7 — — auf, auch

— 117 — 4 v. o. ist nach Stirne steht hinzuzu=
setzen

— — — 4 v. u. — — Merr, Meer.

— 124 — 14 v. u. nach einfallen statt &c.
ein.

— 129 — 4 v. o. — — Wir, Wie

— — — 5 v. o. — — im, ein

— — — 6 v. o. — — keim, kein

— — — 6 v. u. — — Nur, Nun

— 130 — 1 v. o. — — was, wer

S. 130 Zeile 5 von oben lese statt einigen, ewigen
— — — 4 v. u. — — so, so
—150 — 1 v. o. — — der, den
—152 — 6 v. o. — — leben, beben
—157 —15 v. o. — — Jugend, Tugend
—164 — 5 v. o. — — Worte, Worte
—169 — 4 v. o. — — Schirjan, Schirjon
— — —13 v. o. — — Beseitigung, Begleitung
— — —14 v. o. — — beleben, beteten
—171 —14 v. o. — — da, dar
—175 — 6 v. o. — — Bis, Bis
—176 —10 v. o. — — ihren., ihnen
— — —12 v. o. — — sie, sich
— 180 — 1 v. u. nach Psalm ist .... hinzuzusetzen
— 185 — 7 v. o. — — Mir, Ihm.
— 186 — 2 v. o. — — Kuschöer, Kuschäer.
— 188 — 3 v. u. — — Alle, Wie
— 194 —10 v. u. — — Hehovas, Jehovas.
— — — 9 v. u. — — Jelden, Helden.
— — —10 v. o. — — Härden, Hürden
— 197 — 4 v. u. — — Prämission, Prämissen.
— 201 — 6 v. o. — — Jehnva, Jehova.
— 204 — 4 v. o. — — Karaniter, Kananiter
— 205 — 7 v. u. — — urückkehren, zurückkehren.
— 207 —13 v. u. — — Härden, Hürden
— 208 —15 v. u. — — Kaniten, Kananiten.

S. 224 Zeile 7 von unten lese statt widrigsten, nie=
drigsten.

— 225 — 1 v. u. ist nach auch, d u r ch ausgelaſſen
— 226 — 2 v. o.   — — ſorgloſet, ſorg=
loſer.
— 230 — 7 v. o.   — — Thyras, T y r u ß.
— 237 — 5 v. o.   — — mitte, M i t t e.
— — — 11 v. u.   — — Manche, W e l ch e
— 237 — 9 v. u.   — — durchborr, D u r ch=
b o r t.
— — — 4 v. u.   — — einſte, r e i n ſt e.
— 241 — 5 v. o.   — — ihn, i h m
— 246 — 12 v. o.   — — ihm, i h n
— 248 — 9 v. o.   — — ſingen, h i n g e n
— 268 — 1 v. o.   — — Elephantioſis, E l e=
p h a n t i a ſi s
— 275 — 9 v. u.   — — ganze, junge.
— — — 5 v. u.   — — einer, m e i n e r
— 293 — 10 v. u.   — — Andern, A e ck e r n

Andere minder wichtige Druckfehler, und die
Verſehen in der Interpunktion, möge der gü=
tige Leſer ſelbſt verbeſſern.

Meine Göttinn.

Welcher Unsterblichen
Soll der höchste Preis seyn?
Mit niemand streit ich,
Aber ich geb' ihn
Der ewig beweglichen,
Immer neuen,
Seltsamsten Tochter Jovis,
Seinem Schooßkinde,
Der Phantasie.

Denn ihr hat er
Alle Launen
Die er sonst nur allein
Sich vorbehält,
Zugestanden,
Und hat seine Freude
An der Thörinn.

Sie mag rosenbekränzt
Mit dem Lilienstängel
Blumenthäler betreten,
Sommervögeln gebieten,
Und leichtnährenden Thau
Mit Bienenlippen
Von Blüthen saugen:

Oder sie mag
Mit fliegendem Haar
Und düsterm Blicke
Im Winde sausen
Um Felsenwände,
Und tausendfarbig
Wie Morgen und Abend,
Immer wechselnd,
Wie Mondesblicke
Den Sterblichen scheinen.

Laßt uns alle
Den Vater preisen!
Den alten, hohen,
Der solch eine schöne,
Unverwelkliche Gattinn
Den sterblichen Menschen
Gesellen möge!

Denn uns allein
Hat er sie verbunden
Mit Himmelsband,
Und ihr geboten
In Freud und Elend
Als treue Gattinn
Nicht zu entweichen.

Alle die andern
Armen Geschlechter
Der kinderreichen
Lebendigen Erde
Wandeln und weiden

Im dunkeln Genuß
Und trüben Schmerzen
Des augenblicklichen,
Beschränkten Lebens,
Gebeugt vom Joche
Der Nothdurft.

Uns aber hat er
Seine gewandteste,
Verzärtelte Tochter,
Freut euch! gegönnt!
Begegnet ihr lieblich,
Wie einer Geliebten,
Laßt ihr die Würde
Der Frauen im Hauß.

Und daß die alte
Schwiegermutter Weisheit
Das zarte Seelchen
Ja nicht beleid'ge!

Doch kenn ich ihre Schwester,
Die ältere, gesetztere,
Meine stille Freundinn!
O daß die erst
Mit dem Lichte des Lebens
Sich von mir wende,
Die edle Treiberinn,
Trösterinn, Hofnung.

Göthe.

2 *

I.

Romantische Dichtungen.

I.

Die Schöpfung des Menschen.

Dem sinnigen Menschen liegt kein Gegenstand
des Nachdenkens näher, als seine Schöpfung, we=
niger die Erzeugung von Vater und Mutter, als
vielmehr die erste Bildung seines Geschlechts von
der bildenden Natur. Er setzt sich an die Stelle
des Schöpfers, und folgt nun den Gebilden der
Phantasie. So hatte ein alter hebräischer Weise,
vielleicht der älteste, den die Geschichte kennt, über
die Schöpfung des Menschen nachgedacht, und in
folgender Dichtung, seine Gedanken niedergelegt.

Es sprach Gott:
Laßt uns Menschen machen,
Wie wir gebildet, uns ganz gleich;
Sie sollen unterwerfen sich
Die Fische des Meeres,
Die Vögel der Lüfte,
Die Thiere auf der ganzen Erde
Und das Gewürm,
Das sich im Staube regt.

Da ging ein Nebel von der Erde auf
Und feuchtete das ganze Angesicht

Des Bodens.
Es bildete nun Gott den Menschen
Aus Erdenstaub,
Und bließ in seine Nase
Ihm Lebenshauch.
So ward der Mensch lebendiger Hauch.
Gott schuf den Menschen nach seinem Bilde,
Zum Bilde Gottes schuf er ihn;
Als Mann und Weib schuf er sie.

Sie segnend, sprach er jetzt;
Seyd fruchtbar, mehret euch,
Erfüllt die Erde, unterwerft sie euch,
Des Meeres Fische sollt ihr beherrschen,
Die Vögel in den Lüften, jedes Thier,
Und was sich auf der Erde regt!

Der Mensch denkt und handelt, er fühlt eine
göttliche Wirksamkeit in sich; er erblickt sich als
das erste Geschöpf der Natur, einzig in seinem
Wesen. Nach welchem Bilde mochte er geschaffen
seyn? Nach dem höchsten Bilde, das er sich vor=
stellen kann, dem Bilde Gottes.

Gott fühlte selbst das Bedürfniß Menschen zu
schaffen. Denn ohne Menschen, neue Bildner,
Beherrscher der Erde, wäre sie ohne Zusammen=
haltung, Harmonie und Schönheit. Der Mensch
bringt Licht und Leben in die Natur.

---

1. Mos 1, 26. 27. 28. Kap. 2, 6. 7.

Die Nacht ist reich an mannichfaltigen Geburten, der Nebel feuchtet, befruchtet, erzeugt. Nachdem die Erde des Formens empfänglich geworden, bildete Gott, als Künstler, aus ihr den Menschen und bließ ihm Lebenshauch in seine Nase. Wahres und schönes Gemälde! Die Hülle des Menschen ist Erde, aber in ihr ist göttliche Wirksamkeit, Lebenshauch vom Himmel.

Die göttliche Lebenskraft sagt dem Menschen was er ist, was er soll und kann. Mehren soll er sich, weil die Welt durch viele Geschöpfe seiner Art immer größer und schöner wird. Werden die Menschen nicht durch Menschen gebildet? Der Mensch soll herrschen, weil das Gefühl der Freiheit, die Ueberzeugung der Macht laut in ihm spricht. Dehnt er sich durch Herrschen nicht immer weiter aus?

Prometheus Menschenbildung hat eine ausserordentliche Aehnlichkeit mit der hebräischen Dichtung. Er befruchtete die, noch von den himmlischen Theilchen geschwängerte, Erde mit Wasser, und formte den Menschen nach dem Bilde der Götter, so daß er seinen Blick allein gen Himmel emporhebt, indem alle andere Thiere ihr Haupt zur Erde neigen.

Prometheus ist daher auf den alten Kunstwerken ganz wie der bildende Künstler dargestellt. Zu seinen Füssen steht eine Vase, und vor ihm ein menschlicher Torso, den er, so wie jene aus Thon bildete und dessen Vollendung das Augenmerk seiner ganzen Denkkraft ist.

Als es dem Prometheus gelungen war, die göttliche Gestalt wieder außer sich darzustellen, brannte er vor Begierde, sein Werk zu vollenden. Er stieg hinauf zum Sonnenwagen, und zündete da die Fackel an, vor deren Gluth er seinen Bildungen die ätherische Flamme in den Busen hauchte, und ihnen Wärme und Leben, innere Wirksamkeit gab.

————

2.

Der schöne Wohnsitz und unschuldsvolle Zustand der ersten Menschen.

Gott pflanzte einen Garten
In Eden gegen Morgen,
Und setzete hinein den Menschen,
Den er geschaffen hatte.

Gott ließ wachsen aus der Erde
Der Bäume mancherlei,
Lieblich dem Gesicht
Und angenehm zum Essen.
Auch einen Baum des Lebens
In des Gartens Mitte,
Und den Erkenntnißbaum
Des Guten und des Bösen.

Es gieng ein Strom von Eden aus,
Den Garten zu bewässern,
Der dort sich theilte
In vier Arme.
Phison ist des erstern Name,
Der das ganze Land von Chevila
Durchströmet; dort find't man Gold —
Des Landes Gold ist köstlich —
Bedellion und Onyrstein.
Des zweiten Flusses Name
Ist Gichon; er durchströmt
Das ganze Land Cuschäa.
Chidekel ist der Name
Des dritten Flusses; er fließet
An der Morgenseite von Assur hin.
Des vierten Flusses Name ist Phrath.

Gott nahm den Menschen und setzte ihn
In Edens Garten, ihn anzubauen
Und zu bewahren; dann gebot er ihm:
Von jedem Baume dieses Gartens
Sollst du essen, doch von dem Baume
Der Erkenntniß des Guten und des Bösen
Sollst du nicht essen;
Denn welches Tages du von ihm issest,
Wirst du des Todes sterben.

Und so waren beide nackend
Der Mann und seine Frau
Und schämten sich nicht. *)

---

*) 1 Mos. 2, 8 — 17. 25.

Wärme bedarf der junge Mensch; durch Wärme wird er erhalten, gedeiht er. Daher ist der warme Orient die Wiege des Menschengeschlechts. Im kalten Norden konnte der erst geschaffene Mensch nicht aufkommen.

In eine der schönsten Gegenden des Morgenlandes, in der Gegend von Assyrien oder Babylonien, wo sich der Tigris Fluß mit dem Euphrath vereinigt, setzt der alte Dichter Eden, das Land der Lust der ersten Menschen. In den Garten der Jugend pflegt man die schönsten Ergüsse der Phantasie zu bringen, Goldströme, schattige Bäume, köstliche Früchte, nackende Menschen in voller Schönheit und Unschuld. Ein Lebensbaum ist ins Paradieß gesetzt, der dem welkenden Menschen neue Kraft und Schönheit gibt — und gewiß er blüht in uns selbst. Auch die goldnen Aepfel in den Gärten der Hesperiden können wir pflücken, wenn wir, mit heiligen Gefühlen und feuriger Phantasie, nach ihnen greifen.

Ein Erkenntnißbaum des Guten und Bösen, stand im Garten der Lust. Was für ein Baum dieß war? Er trug für den Menschen schädliche Frucht; wer sie genoß, verlor die Unsterblichkeit, ward des Todes Raub. An diesem Baume sahen die Menschen, daß sie unrecht gethan hatten, sie hätten dem bessern Rufe folgen sollen.

Die ersten Menschen gehen nackend. Und die Kraft und Schönheit des Menschen können wir

wirklich nur in einer nackenden Gestalt bewundern. Ohne nackende, lebendige Gestalten vor
sich zu sehen, wird der Künstler den Sinn für
das Große und Schöne in der Form nie empfangen können. Wer mit keuschen Augen und mit
Künstlerblick sieht, entehrt das Heilige nicht; den
frechen Lüstling hält auch die Umhüllung nicht zurück.

3.

Der Fall der ersten Menschen.

Derselbe hebräische Dichter, der von dem Garten Gottes und der Unschuld und Schönheit der
ersten Menschen ein so reizendes Gemählde gegeben hatte, trauerte, daß jene schöne, jugendliche
Welt verschwunden war. Warum und wie sie
verschwand? Nach diesen Betrachtungen, sang
der Dichter also:

Die Schlange listiger,
Denn all' Erdenthiere,
Von Gott, Jova gemacht,
Sprach einst zum Weibe:
Wie? Gott sollte sprechen:
Ihr sollt nicht essen
Von allen Bäumen
Dieses Gartens?

Da sprach das Weib zur Schlange
Wir essen von der Bäume Frucht im Garten
Nur von des Baumes Frucht,
Die in des Gartens Mitte steht,
Sprach Gott, sollt ihr nicht essen,
Sie nicht anrühren, ihr müßt sonst sterben!

Die Schlang hierauf zum Weibe:
Ihr sterbet, sterbet nicht.
Gott aber weiß, eßt ihr davon,
So werden eure Augen aufgethan,
Ihr werdet seyn wie Gott,
Ihr wißt, was gut und böse ist.

Da schaute das Weib,
Daß gut vom Baum zu essen wäre,
Denn reizenvoll war er den Augen
Der schöne Baum, er sollte machen klug.
Sie nahm von seiner Frucht, und aß
Und gab auch ihrem Mann davon, er aß.

Jetzt wurden beider Augen aufgethan
Und fühlten, daß sie nackend waren.
Da flochten sie von Feigenbäumen Blätter
Und machten so sich Schürze.
Bald aber hörten sie Jehovas
Gottes Stimme, der in des Abends Kühle
Im Garten wandelte.
Es versteckte Adam sich mit seinem Weib
Vor Jehovas, Gottes Angesicht
In des Gartens Bäumen.

Da rief Jehova dem Adam zu;
Wo bist du? Er sprach:
Ich hört' im Garten deine Stimme
Und fürchte mich, denn ich bin nackend;
Drum verbarg ich mich.

Wer hat dir dieses angezeigt,
Daß du nackend seyst?
Hast du von dem Baume nicht gegessen,
Von dem ich dir gebot:
Du sollst nicht von ihm essen?
Da sprach Adam:
Das Weib, das du mir zugeselltest,
Gab mir von dem Baume, und ich aß.

Nun sprach Jehova zum Weibe:
Warum hast du dieß gethan?
Es sagt' das Weib: es hat die Schlange mich verführt,
Daß ich aß.

Da sprach Gott Jehova zur Schlange:
Weil du dieß thatest, seyst du verflucht
Vor allem Vieh und allem Wild des Feldes;
Auf deinem Bauche sollst du gehen
Und fressen Staub dein Lebenlang.
Auch will ich Feindschaft stiften
Zwischen dir und dem Weib,
Zwischen deinem Geschlecht und ihrem Geschlecht;
Zertreten soll dir dieß den Kopf,
Willst du ihm nach der Ferse lauern nur.

Und zu dem Weibe sprach er:
Mehren, mehren will ich deine Schmerzen,
Wenn du schwanger wirst,
Mit Schmerzen sollst du gebähren Kinder,
Und dennoch Trieb zu deinem Manne fühlen,
Und dich soll er beherrschen.

Darauf sprach er zum Manne:
Weil du der Stimme deines Weibs gehorcht
Und von dem Baum gegessen hast,
Von dem ich warnend zu dir sprach:
Nicht sollst du von ihm essen:
So sey die Erde nun ob dir verflucht,
Mit Mühe sollst du dich von ihr ernähren,
In allen Tagen deines Lebens;
Dorn und Disteln soll sie tragen;
Des Feldes Pflanzen sollst du essen,
In deines Angesichtes Schweiß
Sollst du deine Speise suchen,
Bis daß du zu der Erde wiederkehrest,
Von der du bist genommen.
Denn du bist Staub,
Und sollst zu Staube wieder werden.

Von Adam wurde jetzt genannt
Das Weib Eva, weil sie nun werden sollte
Die Mutter aller Lebenden.

Drauf machte Gott Jehova
Dem Mann und seiner Frau
Von ThieresFellen Kleider,
Und zog sie ihnen an.

Sofort sprach Er:
Der Mensch ist nun geworden
Wie unser einer; jetzt weiß er
Das Gute und das Böse.
Doch daß er seine Hand nicht strecken möge,
Zu nehmen von dem Lebensbaum,
Und von ihm esse, um ewiglich zu leben!
Drum verwieß ihn Gott aus Edens Garten,
Um das Land zu bauen,
Von dem er war genommen.
Nachdem er so den Menschen
Vertrieben hatte, stellt er gegen Morgen
Vor Edens Garten Cherubim,
Zu bewahren mit Flammenschwerdtern
Den Weg zum Lebensbaum. *)

Ein schönes, poetisches Gemählde voll Licht und Wahrheit. Ein äusserer Reiz, schmeichlerische Verführung brachte die innere, bessere Stimme zum Schweigen. Die Schlange ist im Orient das Sinnbild der Klugheit und Arglist. Sie windet sich dem menschenschädlichen Baume hinauf, ißt die Götterspeise und wird davon so ermuntert, daß sie sogar Sprachvermögen erhält.

Das Weib hatte schon lange sinnig nach der lieblichen Frucht des Baumes und der muntern Schlange gesehen. Ihre Sinnlichkeit war rege geworden, sie wünschte auch geniesen zu können. Die Schlange spricht:

*) 1 Mos. 3, 1 — 24.

Wie? Gott sollte sprechen:
Ihr sollt nicht essen
Von allen Bäumen dieses Gartens?

Noch einmal verwirft das Weib die Begierde
als unedel, aber eine andere Anregung:

Ihr werdet seyn, wie Gott,

kann sie nicht länger widerstehen. Ihren Augen
war der Baum zu reizenvoll, er sollte sie klug,
wie Gott machen, sie nahm von der Frucht und
aß. Das Weib liebt den Mann, ohne Liebe und
Theilnahme hört das Weib auf, Weib zu seyn.
Und der Mann läßt sich gerne von den Kosungen
des Weibes fesseln. Wie konnte Adam die Frucht
wegwerfen, die er aus der schönen Hand seines
liebenden Weibes empfieng?

Aber mit dem Genuß der Frucht verbindet der
hebräische Dichter die unglückseligsten Folgen. Auf
Versündigung folgt Scham. Adam und Eva ver-
stecken sich unter Bäumen, sie fühlten zum ersten-
mal ihre Nacktheit und bedecken sich mit Blättern und Zweigen. Wer einmal das Heilige entweiht, kann es nicht mehr, ohne Scham anblicken. Mag er in das Verborgene fliehen, auch
hier wird ihn Jehova, der innere Richter verfolgen.

Wer den unschuldsvollen Sinn verliert,
glaubt da Leiden zu sehen, wo nur Punkte zur
Bildung des innern Sinns, Weckungen zu neuer

Freude zu finden find. Das Weib muß Kinder gebähren.

Die Arbeit des Mannes soll mit Anstrengung geschehen, weil Geist und Kraft ihm angehören. Eine Arbeit ohne Mühe stärkt nicht seinen Bildungstrieb. Aber auf Kampf folgt Sieg.

Der Garten Gottes, der Sitz der Sorgenlosigkeit, mußte in der Wirklichkeit verschwinden, um ihn in der Phantasie fest zu halten. Der Mensch sollte sich selbst ein neues Eden schaffen, das ihn zu den höchsten Gefühlen stimme, und in dem er seine Unsterblichkeit fände.

So war der erste Fall des Menschen zugleich der erste Schritt zu seiner Wirksamkeit und Erhebung. Ohne Fehlen lernt sich der Mensch nicht selbst kennen, wird er nicht weise und glücklich.

Mit dieser hebräischen Dichtung vom Falle der ersten Menschen, setzen wir die schon berührte griechische Dichtung von Prometheus noch einmal in Parallele. Jupiter, erzürnt über das von dem Menschenbildner geraubte Feuer des Sonnenwagens, ließ eine weibliche Gestalt von Götterhänden bilden, die er mit allen Gaben ausgeschmückt, Pandora nannte, und sandte sie mit allen verführerischen Reitzen, und mit einer Büchse, worinn das ganze Heer von Uebeln, das den Menschen drohete, verschlossen war, zum Prometheus, der bald den Betrug erkannte, und dieß gefährliche Geschenk der Götter ausschlug.

Da

Da konnte Jupiter seinem Zorn nicht länger Einhalt thun, sondern ließ den Prometheus, für seine Klugheit zu büßen, an einen Felsen schmieden; und das Unglück kam demohngeachtet über den Menschen; denn der unvorsichtige Epimetheus, des Prometheus Bruder, ließ sich, obgleich gewarnt, durch die Reitze der Pandora bethören, welche, sobald er sich mit ihr vermählt hatte, die Büchse eröffnete, woraus sich plötzlich alles Unheil über die ganze Erde, und das Menschengeschlecht verbreitete.

Sie machte schnell den Deckel wieder zu, ehe noch die Hoffnung entschlüpfte, welche, nach Jupiters Rathschluß, allein zurück blieb, um einst, noch zur rechten Zeit, den Sterblichen Trost zu gewähren. Die verführerischen Reitze der sinnlichen Lust, brachten also auch nach dieser Dichtung zuerst das Unglück über die Menschen. Der thörichte Epimetheus vereitelte bald die vorhersehende Weisheit des Prometheus. Vernunft und Sinnlichkeit waren sogleich, bei der Bildung und Entstehung des Menschen, miteinander im Kampfe.

4.

Vom goldenen Zeitalter.

In der Gegenwart gedacht und gehandelt, hebt
sich der Mensch mit Adlerschwingen in die ferne
Zukunft, und dichtet eine Zeit, wo die ganze Na=
tur, mit allen ihren Geschöpfen, sich eines ewigen
Friedens freut:

Da weilt der Wolf beim Schaafe,
Der Parder lagert sich beim Böckchen,
Zusammen sind Kalb, Löw und Mastvieh,
Ein kleiner Knabe leitet sie.
Da weiden Kuh und Bär beisammen,
Beisammen liegen ihre Jungen;
Stroh ist des Löwen und des Stieres Speise.
Der Säugling spielt an Natterklüften,
Und in Croaltenhöhlen streckt,
Der Erstentwöhnte seine Hand
Nichts Böses wird gethan,
Kein Unglück mehr vollbracht.
Auf dem mir ganz geweihten Berge. *)
So voll ists Land von GOttes Kenntniß,
Gleich dem mit Wasser angefüllten Meer. **)

---

*) Der Jehova geweihte Berg steht hier für Pa=
lästina überhaupt, das gebirgig ist.

**) Jes 11, 6 — 9.

Wie die hebräischen Dichter das goldene Zeitalter mahlen, so auch Griechen und Römer
Virgil *) singt von demselben:

Selbst wird jetzo die Geis mit Milchgeschwolle-
nem Euter
Heimgehn, und nicht fürchten das Kind den
gewaltigen Löwen.
Auch wird selber die Wiege mit schmeichelnden
Blumen dir aufblühn.
Sterben wird Schlangengezücht, und die teu-
schende Pflanze des Gifts,
Sterben! und rings sich erheben Assyria's edles
Amomum.
Doch wenn Heldengesang nunmehr und Thaten
des Vaters
Du zu lesen vermagst, und was Tugend sey,
schon erkennen;
Wird mit sanfter Aehre die Flur allmählig sich
gilben;
Selbst den wildernden Dorn umhangt roth-
blinkend die Traube,
Und hartstämmiger Eichen enttropft der thauige
Honig.

— — — — — —

— — — — — —

Weder den Karst erduldet die Flur, noch die
Hippe der Weinberg;
Auch die Stiere schon löst vom Joch der stäm-
mige Pflüger.

_____

*) Vierte Idylle, Pollio. B. 20 — 45. nach Johann
Heinrich Vossens origineller Uebersetzung.

2 *

Nicht mehr lernt die Wolle mit mancherlei
        Farbe zu heucheln:
Selbst wird auf Auen der Widder sich bald in
        röthelnden Purpur
Heller das Bließ, Flammen safranfarbiget
        Waude;
Und von Natur wird Zinnober die weidenden
        Lämmer umschimmern.

Woher der Friede in der ganzen Natur — der
frohe, schuldlose Genuß des Lebens? Von dem
Geiste, der im allgemeinen Wirken ist. Joel 3, 1 ff.

GOtt spricht: in jenen Tagen wirds geschehen,
Daß ich meinen Geist ausgieße
Ueber alle Sterbliche —
Dann werden sie weissagen
Eure Söhn' und Töchter,
Eure Jünglinge Gesichte seh'n
Und eure Greise Träume träumen,
Selbst über Sclav' und Sclavinnen
Ergieß ich meinen Geist in jenen Tagen,
Daß sie dann sprechen mögen gleich Propheten!

Je thätiger wir uns mit dem Guten und Schönen beschäftigen, desto fähiger werden wir zu
weissagen, d. i. heilig zu dichten. Die schöpferische Phantasie ruft uns die entzückendsten Gesichte
hervor, auch im Traume begegnen uns die schönsten Bilder.

II.

Fabeln.

I.

Jothams Fabel.

Diese Fabel ist die älteste, die wir kennen, älter als Loßmanns und Aesops Fabeln. Sie war in dem Heldenzeitalter der Hebräer gedichtet. Nach des Helden Gideons Tod strebte sein Sohn Abimelech, von Gier nach Größe und Herrschaft angetrieben, nach der königlichen Würde. Um seine Absicht sicherer zu erreichen, gab er als Sichemite bei den Bürgern zu Sichem, welches damals die Hauptstadt des Landes war, vor: Seine Brüder, die Söhne Gideons, wollten eine Aristokratie errichten; es sey aber besser, einem Manne, als siebenzigen zu gehorchen; nun wäre er ihr naher Verwandte und — würde sich gegen sie dankbar beweisen. Die Vorsteher der Nation trauten den süßen Worten, und bewilligen seinen Antrag. Jetzt bezalt er eine Rotte Meuchelmörder, stellt sich an ihre Spitze, dringt in sein unbesorgtes väterliches Haus zu Ophra ein, nimmt seine Brüder gefangen, und hackt einem nach dem andern, auf einem großen Steine, den Kopf ab.

Doch hatte sich einer von seinen Brüdern, Jotham heißt die schöne Seele, versteckt und bald

durch die Flucht gerettet. Am Tage, als Abimelech, in einer Zusammenkunft der vornehmsten
Sichemiten, zum König der Stadt, unter einer
Therebintte, nahe bei derselben ernannt wurde,
trat Jotham auf die Spitze des Berges, und
sprach mit lauter Stimme, also:

Hört mich ihr Herren zu Sichem!
Es wird euch Gott auch hören! *)

Es giengen jüngst die Bäume hin,
Zu salben einen König über sich.
Sie sprachen zu dem Oelbaum:
Sey König über uns!
Und ihnen gab Antwort der Oelbaum:
Soll ich aufgeben meinen fetten Saft,
Ob dem Götter und Menschen mich ehren,
Und hingehn, über den Bäumen zu schweben?

Da sprachen die Bäume zum Feigenbaum:
Komm du, sey König über uns!
Und ihnen gab Antwort der Feigenbaum:
Soll ich aufgeben meine Süßigkeit
Und schöne Jahresfrucht,
Und hingehn, über den Bäumen zu schweben?

Nun sprachen die Bäume zum Weinstock:
Komm du, sey König über uns!

---

*) Sichem lag am Fuße des Bergs Grisim: Jo-
tham konnte also von dem unten versammelten
Volke wohl verstanden werden.

Und ihnen gab Antwort der Weinstock:
Soll ich aufgeben meinen süßen Most,
Der Götter und Menschen fröhlich macht,
Und hingehn über den Bäumen zu schweben?

Da sprachen alle Bäume zum Dornbusch:
Komm du, sey König über uns!
Der Dornbusch sprach zu den Bäumen:
Wenn es wahr ist, daß ihr mich
Zu eurem Könige salbt:
So kommet und vertraut euch meinem Schatten;
Wo aber nicht,
So fahre Feuer vom Dornbusch aus
Und fresse selbst die Cedern Libanons! *)

Man gebrauchte frühe die Fabel, um den Ge=
sichtspunkt anzugeben, woraus ein einzelner Fall
beurtheilt werden sollte, oder die Hauptmomente
und die entscheidenden Züge desselben in ein hel=
leres Licht zu setzen. Im Geist und Gefühl au=
tonomischer Freiheit stellt Jothams Fabel ruhige
Glückseligkeit einzelner Frucht = und saftvoller Bäu=
me (Gideon!) dar, die alle keine Königshöhe be=
gehren. Sie stellt die Göttergaben ins Licht,
durch die eben der Dornbusch (Abimelech!) zur
Königswürde gelangt, und die er beim ersten An=
trage in sich fühlt. Sie zeigt die innere Kraft
der Königswürde, nämlich kalt und dürr, ohne
Oel und Freude über blühenden Bäumen zu schwe=

---

*) Richt. 9, 8 — 15.

ben. Endlich erzält sie auch die erſten Gnadenbe=
zeugungen des Dornbuſchs, ſeine Capitulation mit
den Cedern auf Libanon, daß ſie ſich entweder
unter ſeinen, des Dornbuſches Schatten begeben,
oder von ihm, dem Dornbuſch, mit Feuer gefreſ=
ſen werden ſollten. Schöne Fabel! voll trauriger
Wahrheit in mehr als einer Zeit! *)

2.

Nathans Fabel.

Der Orient liebt Perſonificationen und iſt daher
reich an Fabeln. Dazu kommt der Despotismus,
der dort zu Hauſe iſt. Wer mag einem tyran=
niſchen Könige die nackte Wahrheit ſagen? Und
doch erforderte es oft das Wohl ſeines Volkes,
wie ſein eigenes, ihm eine warnende Lehre zu ge=
ben. Wie konnte man ihm dieſe weniger belei=
digend ans Herz legen, als im Gewand der
Fabel?

Als David den Ehebruch mit Bathſeba,
dem ſchönen Weibe ſeines Hauptmanns Urias,
verbergen wollte, mußte dieſer beleidigte Gemahl
ſterben, da er ſich nicht nach ſeinen Wünſchen
fügte. Nathan war dem Könige immer ein wei=
ſer rathender Freund geweſen, und fürchtete, von
der grauſamen That, traurige Folgen unter dem
Volke. Er erzählte ihm daher folgende Fabel:

---

*) Herders Geiſt der ebräiſchen Poeſie Th. 2. S. 277.

Zwei Männer lebten einst in einer Stadt,
Der eine groß und reich, der andere arm.
Der Reiche hat' sehr viel
Der Schafe und der Rinder,
Allein der Arme hatte nichts,
Als ein einzig kleines Schäflein,
Das er sich gekaufet hatte.
Er füttert's, daß es groß bei ihm
Und seinen Kindern würde.
Es aß von seinem Bissen,
Trank aus seinem Becher
Und schlief in seinem Busen;
Gleich einer Tochter hielt' er es.

Da kam ein Gast zum reichen Manne;
Er schauete von seinen Schafen
Und seinen Rindern eins zu nehmen,
Um es dem Gaste zuzurichten,
Der zu ihm gekommen war.
Da nahm dem armen Manne er
Das Schäflein, und richtet es dem Manne zu,
Der zu ihm gekommen war. *)

Diese Fabel war so natürlich und zart erzählt,
daß sie der König ganz ergriff, ohne zuerst ihre
Beziehung auf ihn zu ahnen. Er sprach: So
wahr der Herr lebt, der Mann, der solches that,
ist des Todes schuldig! Da versezte Nathan: du
bist der Mann! Wie hast du dich, bei deinem

---

*) 2 Sam. 12, 1 — 4.

Reichthume, an einem armen Urias versündigt, der sich dir nicht widersehen konnte? Der König ward erschüttert, und erklärte mit Scham: ich habe mich wider den Herrn versündigt!

3.

Jesaias Fabel.

Jesaias war seinem Zeitalter ein sehr wohlthätig wirkender Freund. Er suchte den Israeliten ihren verkehrten Weltsinn, ihre Lasterhaftigkeit und Strafwürdigkeit lebendig vor Augen zu stellen, um sie zu erschüttern und für das Gute, für Gott wieder zu gewinnen. Da kleidete er seine Belehrungen in folgende Fabel ein:

Es war ein Weinberg meinem Freunde
Auf einem fetten Hügel.
Er grub und reinigt ihn von Steinen,
Bepflanzte ihn mit edlen Reben,
Baut einen Thurn in seine Mitte,
Grub eine Kelter aus,
Und harrte, daß er Trauben trüge —
Doch er trug giftige Beeren.

Nun Bürger von Jerusalem,
Ihr Männer von Jehuda!
Richtet zwischen mir und meinem Weinberg selbst!
Was konnt' ich mehr an meinem Weinberg thun,
Das ich nicht schon gethan an ihm?
Warum harrt' ich, daß er Trauben trüge

Und er trug giftige Beeren?
Nun aber will ich's euch verkünden,
Was ich will thun mit meinem Weinberg:
Zerstöret werde seine Mauer,
Abgeweidet soll er werden;
Einreißen will ich seinen Zaun,
Daß er zertreten werde;
Zur Wüste liegt er da;
Beschnitten werd' er nicht und nicht behackt,
Gesträuch und Dorne soll er tragen,
Und Befehl will ich den Wolken geben,
Nicht Regen über ihn zu träufeln. *)

Welch' trauriges Schicksal die Israeliten, für
ihre Bösartigkeit, zu erwarten hatten!

----

*) Jef. 5, 1 — 6.

III.

Idyllen.

1.

Abraham und Jehova.

Wo jetzt das todte Meer ist, soll ehedem Sodom und Gomorra gestanden haben. Warum diese Städte untergingen? Hebräische Forscher wähnten, wegen der Ruchlosigkeit ihrer Einwohner.
Konnte denn der Rathschluß des Himmels gar
nicht geändert, auch von dem frommsten Menschen
nicht Gnade erfleht werden?

Abraham sprach zu Jehova, der ihn, im Hai-
ne Mamre, besucht hatte:

Willst du zu Grunde richten
Mit dem Bösen auch den Redlichen?
Vielleicht sind in der Stadt noch fünfzig
Der Gerechten; sie wolltest du vertilgen,
Und um der fünfzig Redlichen,
Dem Orte nicht vergeben?
Fern ist's von Dir, also zu handeln,
Zu tödten den Gerechten mit dem Bösen,
Den Guten gleich zu halten dem Verruchten!
Fern ist, Erdenrichter dieses dir!
Du wirst so nicht richten!

Jehova sprach: Find ich zu Sodom
Fünfzig der Gerechten, so vergeb' ich
Dem ganzen Ort um ihrer willen.

Abraham erwiederte:
Sieh, ich habe es gewagt zu reden
Mit dem Herrn, der ich nur Staub und Asche bin.
Vielleicht, daß an den fünfzig Redlichen
Fünf fehlten, wolltest du verderben
Um der fünfe willen die ganze Stadt?

Jehova: Find ich fünf und vierzig —
Ich verderb' sie nicht!

Abraham: Vielleicht sind's auch nur vierzig?

Jehova: Auch um ihrer willen thu' ich es nicht!

Abraham: Zürne nicht, mein Herr,
Wenn ich noch fürder rede!
Vielleicht, daß dreißig sich noch fänden?

Jehova: Wenn sich noch dreißig finden,
Will ich ihnen auch nichts thun!

Abraham: Noch einmal wag' ich es
Vor meinem Herrn zu reden:
Vielleicht, daß zwanzig sich noch fänden?

Jehova: Ich will sie nicht verderben
Auch um der zwanzig willen.

Abraham: Zürne nicht, mein Herr,
Wenn ich noch dießmal rede:
Zehen lassen sich vielleicht noch finden?

Jehova: Ich will sie nicht verderben
Auch um der zehen willen! *)

Wer findet nicht in dieser Unterredung Jehovas
mit Abraham, eine Idylle voll lieblicher Einfalt?
So kann nur ein edler Hirte sanften Herzens,
der Abraham war, mit seinem Schutzgott reden,
und wieder dieser nur so herablassend und nach=
gebend mit seinem innigsten Verehrer. Zärtere
Gespräche im Umgang mit der Gottheit gibt es
nicht. Prokrit und Virgil, Geßner und
Voß haben nicht natürlicher, sanfter und inniger
ihre Hirten sprechen lassen.

2.

Jakob und Jehova.

Die Idylle gehört der unschuldsvollen Welt an,
in der Freiheit und Liebe blühen. Der Hirte leb=
te besonders in den freundlichsten Umgebungen der
Natur, und ließ sich von ihr bilden. Edle Men=
schen sind ihm Götter, sie rathen ihm und un=
terstützen ihn, in den mannichfaltigen Gefahren

------

*) 1 Mos. 18, 23 — 33.

des Lebens; aber er setzt auch sein ganzes Ver=
trauen auf sie. Er kennt das Gute und Schöne,
und im Blicke gen Himmel sieht er seine Welt.

Jakob, Hirte, eines Hirten Sohn, war auf
dem Wege nach Mesopotamien, zu dem Bruder
seiner Mutter begriffen. Eines Tags überfällt ihn
die Nacht, ohne noch eine Hütte erreichen zu kön=
nen. Er bleibt auf freiem Felde liegen, hüllt sich
in sein weites Oberkleid, und ein Feldstein dient
ihm zum Kopfpolster. Als wandernder Fremdling,
dem, auf der weiten Reise, manche Gefahren be=
gegnen konnten, war er, mit beunruhigenden Ge=
danken, eingeschlafen. Auch noch im Schlafe ist
seine Phantasie geschäftig.

Ihm träumte: sieh', eine Leiter stand
Hoch aufgerichtet auf der Erde,
Mit der Spitze reichend in den Himmel
Und Engel Gottes stiegen
An ihr auf und nieder.
Und sieh, Jehova stand auf ihr und sprach:
Ich bin Jehova, der Gott Abrahams
— Deines Vaters, und Isaaks Gott.
Das Land, auf dem du liegst
Will ich dir geben
Und deinem künftigen Geschlecht.
Und dein Geschlecht soll werden
Dem Staub auf Erden gleich.
Es soll ausbreiten sich
Gegen Abend, gegen Morgen,
Hin nach Mitternacht und gegen Abend zu.

Gesegnet werden alle Erdenvölker
Durch dich und dein Geschlecht.
Und sieh', ich bin mit dir,
Und will behüten dich, wo du hinzeuchst.
In dieses Land bring' ich zurück dich wieder,
Dich will ich nicht verlassen.
Was ich zu dir sprach, werd' ich erfüllen.

Erwacht von seinem Traum, sprach Jakob:
Fürwahr! Jehova ist an diesem Ort.
Das wußt ich nicht! Und fürchtete sich und sprach:
Wie schauerlich ist dieser Ort!
Elohim wohnet hier!
Hier ist des Himmels Pforte!

Und nahm den Stein am frühen Morgen
Und richtet' ihn zum Denkmal auf,
Goß Oel darauf, und nannt' den Ort:
Hauß Gottes!
Gelobete und sprach:
Ist Gott forthin mit mir,
Behütet mich des Weges, den ich gehe,
Und gibt mir Brod zu essen,
Und Kleider anzuziehen —
Kehr' ich dann friedlich heim
Zum Hause meines Vaters,
So soll Jehova Gott mir seyn.
Und dieser Stein, den ich zum Denkmal setze,
Haus Gottes werden.
Ihm sey von allem dann, was er mir gibt,
Der zehnte Theil geweiht. *)

---

*) 1 Mos. 28, 12 — 22.

3.

Jakob und Rahel.

Gespräch der Geselligkeit und Liebe zwischen Hirten und Hirten bewahren die zartesten Seiten unsers Herzens, wir versetzen uns ganz in den Zustand und die Lebensweise der Jugendwelt, und fühlen unsre Unschuld in der Einfachheit und un= versteckten Natürlichkeit jener frühen Zeit.

Jakob war im Verfolg seiner Reise, nach= dem er über den Jordan, durchs wüste Arabien, gegangen, bei Häran angekommen.

Er sah sich um, und siehe:
Da war ein Brunnen auf dem Felde;
Drei Heerden hatten sich um ihn gelagert,
Weil man an ihm die Heerden tränkte.
Ein großer Stein lag vor des Brunnens Mündung.
Wenn alle Heerden nun beisammen waren,
So wälzte man den Stein von der Mündung weg,
Tränkete die Schafe und die Ziegen,
Und legte wieder den Stein an seinen Ort.

Jakob: Wo seyd ihr, lieben Brüder her?

Die Hirten: Wir sind von Haran.

Jakob: Kennt ihr auch Laban, Nahors Sohn?

Die Hirten: Wir kennen ihn

3

Jakob: Geht's ihm auch wohl?

Die Hirten: Ganz wohl; u. sieh, so eben kommet
Rahel, seine Tochter, mit den Schafen.

Jakob: Noch ist es hoch am Tage,
Und noch nicht Zeit, die Heerden einzutreiben;
Tränkt die Schafe, geht und weidet noch*)

Die Hirten: Wir können nicht, bis alle Heerden
Sind beisammen. Dann wird der Stein
Hinweggewälzt von des Brunnen Mündung,
Und so tränken wir die Schafe.

Als redete noch Jakob mit dem Hirten,
Kam Rahel **) mit den Schafen ihres Vaters,
Denn sie war Schäferinn.
So wie er Rahel sah, die Tochter Labans,
Des Bruders seiner Mutter, mit den Schafen,
Ging er hinzu und wälzete den Stein
Von des Brunnens Mündung,
Und tränkete die Heerde Labans,
Des Bruders seiner Mutter.
Dann gab er Rahel einen Kuß,
Hob seinen Laut und weinte.
Nun sagt er ihr: ich bin Rebeka's Sohn,

---

*) Jakob wollte allein bei Rahel seyn, wenn er sich
ihr als ihr nächster Blutsverwandte zu erkennen
gebe. Die Liebe will keine Zeugen haben.

**) Rahel heißt im hebräischen ein Schaf.

Bruder deines Vaters.
Da lief sie hin und sagt' es ihrem Vater.

Sobald nun Laban hörte
Von Jakob seiner Schwester Sohn,
Lief er ihm gleich entgegen,
Schloß ihn in seinen Arm und küßte ihn.
Er führte ihn dann in sein Haus,
Wo dieser ihm erzälte,
Alles, was vorgefallen.
Das eine nur gab Laban ihm zur Antwort:
Du bist mein Blutsverwandter. *)

4.

Der König und seine Geliebte.

Die Idylle erhält für das Herz den höchsten Liebreiz, wenn Dichter von Liebe begeistert, diese schönste Empfindung, in lebendigen Darstellungen, rein und zart aussprechen. Waren die feinsten Saiten ihrer gefühlvollen Seele angeschlagen, wie werden sie wieder andere melodisch berühren?

Folgen wir mit Zartgefühl einigen Liedern der Liebe, die mit Salomons geliebtem Namen bezeichnet sind.

Der König sprach zu seiner Geliebten:

*) 1 Mos. 29, 2 — 14.

Meinem Roß an Pharao Wagen,
Gleich' ich o Freundin dich.
Lieblich stehn in den Spangen deine Wangen,
Dein Hals in den Ketten schön.
Goldketten laß' ich dir machen
Mit Pünktchen Silber gesprengt.

Die Geliebte gab ihm die zärtliche Antwort:

Wohin der König sich wandte,
Gab meine Narde Duft!
Ein Sträußchen Myrrhe sollt du mein Lieber,
Mir zwischen den Brüsten ruhn!
Ein Palmenknöspchen bist du, mein Lieber,
Mir aus dem Garten Engeddi.

Da sprach der Geliebte:

O schön bist du, meine Liebe,
O schön bist du!
Deine Augen Täubchen — —

Und zu ihm die Geliebte:

O schön bist du, mein Lieber,
Auch hold bist du,
Und unser Bette grünt.

Der Geliebte ihre Worte ergreifend:

Die Balken unsrer Häuser Cedern,
Die Wände Cypressen.

Die Geliebte:

Und ich die Rose des Feldes,
Die Lilie im Thal.

Der Geliebte:

Wie die Lilie unter den Dornen
Ist meine Freundin unter den Töchtern.

Die Geliebte:

Wie ein Apfelbaum unter den Bäumen im Walde,
So ist mein Lieber unter den Söhnen.

In seinem Schatten
Erquick' ich mich,
Und sitze nieder,
Und seine Frucht
Ist meinem Munde süß.

Er hat mich geführt
In ein Haus des Weins!
Und sein Panier,
Ueber mir droben,
Ist Liebe.

O stärkt mich mit dem Weine!
O labt mich mit den Aepfeln!
Denn ich bin krank für Liebe.

Seine Liebe
Mir unterm Haupt;
Seine Rechte
Umfaßt mich.

Der Geliebte:

Ich beschwör' euch, Töchter Jerusalems,
Bei den Hinden, bei dem Rehe der Flur.

Wenn ihr sie weckt!
Wenn ihr sie regt! —
Bis es ihr gefällt! *)

Ein Gespräch der zartesten Liebe, zwischen ei=
nem von Liebe erfüllten Könige, sey es Salomo,
und seiner von Gegenliebe trunkenen Geliebten.
Der Morgenländer liebt feurig, süß und geschmack=
voll. Mit glühender Phantasie schaft er sich die
schönsten Scenen der Liebe, und ihren Genuß
mahlt er sich in mannichfaltigen, angenehmen
Bildern.

Da steht sie, die königliche Braut, wie das
Prachtgeschöpf Orients, das ägyptische Roß vor
dem Königswagen. So ihr Wuchs, so ihre Zier.
Hoch trägt sie ihren Hals in der Kette, ihre Wan=
ge an der Spange steht schön. Der König weiß
nichts, als von neuer Pracht, von neuer Zierde. —

---

*) Hohelied Kap. 1—9 — Kap. 2: 7.

Nicht so die Geliebte; die ist an Ihm, nicht am Schmucke; in Liebe, nicht in Pracht. Sie spricht im Reiche der Blumen, nicht des Goldes: Dieß, auch in Geschenken ist tod; ihre Bilder, ihre Denkmale von ihm leben.

Wohin er sich wandte, da duftete ihre Narde. Sie fühlte seine Gegenwart, und duftet zu ihm und duftet schöner. Auch entfernt von ihm, ist er ihrem Herzen nah; im Myrrthenstrausse, den er ihr sandte, kühlet er ihren Busen, darauf übernachtend, als das lebende Sinnbild ihres Geliebten auch im Traume und Schlummer. — Endlich, (und das dritte Bild vollendet Alles) er ist die junge Blüthentraube aus dem Palmenhaine zu Engeddi, nach dem Sinne Orients, das schönste Bild der Belebung, Frucht und Fülle.

Es ist nemlich bekannt, daß der weibliche Palmbaum mit einem Büschel männlicher Blumen bestreut und belebt wird; oder man nimmt die männliche Blüthensprosse, ehe sie ausbricht, und verhüllt sie in die kleinen Zweige der weiblichen Blume. In diesem Zustande heißt die Palmenblüthe Kopher, d. i. verhüllt; sie mußte noch unausgebrochen, und voll des feinen, frischen, aromatischen Thaues seyn, der die erste frische der Datteln an Anmuth und Würze übertrift. In der weiblichen Blume verhüllet, haucht er sie an mit Duft und Leben. Kann ein schöner Bild gefunden werden, das da sage: Ohne dich sind meine

Blüthen leblos; dein Athem, ein zarter, junger, frischer Himmelsthau, macht alles in mir lebendig mit neuen Kräften, Gefühlen, mit neuer Schöpfung.

Und nun das Lob des Geliebten an seine Liebe. Er will ihre Schönheit schildern, und der erste Zug derselben, der erste Zug der ersten Beschreibung im ganzen Buche ist — Bescheidenheit und Unschuld. Ihre Augen sind Täubchen, schüchterner Täubchen.

Und als solche beweiset sie sich sogleich. Sie unterbricht seinen Gesang, sie will nicht ihr Lob hören.

Sie lobt ihn, aber auch nur mit einem Zuge. Die Tochter der Unschuld blickt umher, und die ganze Natur um sie wird Paradies, Pallast, Brautbett der Liebe. Die hohen Cedern sind für sie gepflanzt, zu Balken ihres Hauses der Liebe; die immer grünenden Cypressen für sie geweiht. ewige Wände ihres Hauses der Liebe; und was ist sie in diesem großen Tempel?

Rose des Feldes!
Lilie im Thal!

Welche Bescheidenheit! welche Demuth! Die Ceder hat Gott gepflanzt, die Cypresse steigt, wie eine Pyramide, zu den Wolken, der größte

Schmuck, den die Natur den Gegenden schenkte — und sie ist die Blume des Feldes, womit die Natur dort alles bedeckt hat, das Veilchen, die Mayblume, die sich unter den Füßen des Wanderers verliert. Die Lilie ist das Bild der schönen Niedrigkeit, der lieblichen Demuth.

So nimmt auch ihr Geliebter das Bild; aber er verwandelts in Hoheit. Lilie — ja wie die Lilie unter den Dornen, so du unter den Mädchen. Und sie, die abermals, wie ein Veilchen, sich dem Lobe verbirgt, gibts ihm mit Wucher zurück. Er wird ihr ein schöner blühender Apfelbaum unter den wilden Bäumen, (mit denen dort ebenfalls die Gegenden bedeckt sind) und das Bild wird ihr ein ganzer Traum der Liebe. Da sitzt sie unter dem holden Baum und erquickt sich in seinem weiten Schatten, und droben lachen liebliche Früchte. Sie begehrt, genießt; wie süß dem Munde! wie kraftvoll! sie ist nicht mehr unter dem Baume, sie ist entzückt in ein Haus des Weines. Der Baum, der über ihr wehet, dünkt ihrem zunehmenden süßen Rausche Panier der Liebe. Sie schwimmet, sie schwindet im Meer seiner Kühle und Entzückung; die süße Frucht ihres Geliebten, Apfel und Weinhülle dünkt ihr Eins: o labt mich mit dem Weine! o stärkt mich mit den Aepfeln! denn ich bin krank für Liebe. Sie sinkt, und was bisher Bild des Baums war, wird im Traume in Wirklichkeit und Person verwandelt.

Seine Linke
Mir unterm Haupt;
Seine Rechte
Umfaßt mich.

Sanft zerrinnen ihre Sinnen unter dem we=
benden Baume im Schoos der Natur, Unschuld
und Liebe.

Und ihr Geliebter singt das süße Schlum=
merlied, bei dem gleichsam die ganze Natur
feiert. Das flüchtige Reh, die leise Hindinn
schweben vorüber und scheuen sich zu rauschen;
ihr Töchter Jerusalems, Gespielinnen, folgt
dem Beispiel, weckt sie nicht, regt sie nicht,
bis sie selbst erwacht. Sie schläft im süßen
Genusse, den Traum der Liebe. *)

5.

Phantasien eines liebenden Mädchens.

Stimme meines Lieben!
Siehe, er kommt!
Springt über die Berge,
Hüpft über die Hügel.
Wie ein Reh ist mein Lieber,
Wie ein flüchtiger Hirsch.

----

*) Herders Lieder der Liebe. S. 11. ff.

Siehe, da stehet er schon
Da hinter der Wand,
Schaut durchs Geländer,
Blinket durchs Gitter.
Er spricht mein Lieber,
Er spricht zu mir:
Steh auf, meine Liebe,
Steh auf, meine Schöne,
Komm! —

Denn siehe: der Winter ist über,
Der Regen ist über, vorüber!
Man sieht schon Blumen am Boden,
Die Zeit des Gesanges ist da.
Man hört die Stimme
Der Turteltaube
Auf unsrer Flur.

Der Feigenbaum hat seine Feigen
Mit Süße gewürzt.
Des Weinstocks junge Trauben
Duften schon.
Steh auf meine Liebe,
Steh auf meine Schöne,
Komm!

Mein Täubchen in den Spalten des Felsen,
In den hohlen Klüften der Steige,
Laß sehn mich deine Gestalt,
Laß deine Stimme mich hören,

Denn deine Stimme ist lieblich,
Und deine Gestalt ist schön. *)

Eine Liebe athmendes Liedchen, gedichtet im Frühling beim ersten Besuche der Liebe. Der Winter hatte die Geliebte von ihrem Lieben getrennt. Sie kann die Trennung nicht länger mehr ertragen, sie wird von der stärksten Sehnsucht zu ihm gezogen. Jedes Geräusch in der Nähe soll ihr den Geliebten verkünden. Sie lauscht, sie horcht:

Stimme meines Lieben!

So abgebrochen, überraschend beginnt der Gesang. Der Liebe ihres Geliebten gewiß, sieht sie ihn kommen, springen, hüpfen über Berg und Hügel und in ihre Arme eilen. Er ist geschwind wie Reh und Hirsch. Die Liebe hat mächtige Flügel.

Der Geliebte ist da, und hat sich hinter das Gitter gestellt, um die zärtliche Freundin in ihren Geschäften und Umgebungen erst zu beobachten. Er sieht sie liegend, und kann ihr seine Ankunft nicht länger mehr verschweigen. Liebewarm spricht er: meine Liebe, meine Schöne komm!

Und nun singt er ihr ein zärtliches Lied der Liebe, er girrt nach seinem sanften Täubchen, er

*) Hohel. Kap. 2, — 8 14.

will ihre schöne Gestalt ganz sehen, will sie küssen.
Winter und mit ihm Regen ist vorüber. Schon
entschlüpfen dem Boden die ersten Blumen. Die
Zeit des Gesangs ist wieder da, die Vögel singen
ihr frohes Lied. Die Turteltaube, ein Vogel der
Liebe, ist von ihrem Winterzuge zurückgekommen,
und girrt auf der jungen Flur.

Die Früchte, welche der Feigenbaum schon im
Herbste eingesetzt hatte, erheben sich beim mil=
den Himmel, werden reif, sie sind mit Süße
gewürzt. Auch des Weinstocks junge
Trauben lüften schon. In dem neuen Le=
ben der Natur erwacht die Liebe mit neuer Stärke.
Der Jüngling wird von schmerzlicher Sehnsucht er=
griffen; sein Blick ist auf das schönste Mädchen
gerichtet, und so ruft er mit inniger Wehmuth:
meine Liebe, meine Schöne komm!

Aber sie kommt nicht; — wo weilt sie? Er
hört das Girren eines Täubchens aus einer Felsen=
höhle, es ist die Stimme seiner Geliebten. Er
eilt nach dem heiligen Felsen, ersteigt die hohlen
Klüfte und lockt sie mit schmelzender Stimme
heraus:

Laß sehn mich deine Gestalt,
Laß deine Stimme mich hören,
Denn deine Stimme ist lieblich,
Und deine Gestalt ist schön.

Ob er das liebe Täubchen nicht fand? Er sah sie ja hinter dem Gitter.

Ein prächtiges Stück, das sich eben so abgebrochen, schön endigt, als es abgebrochen, schön beginnt.

6.

Sulamith, ihr Geliebte, ein Chor Jungfrauen.

Sulamith: Ich schlafe und mein Herz wacht!

Stimme meines Geliebten!

Er klopft!

Ihr Geliebte: Thu auf mir, meine Schwester,
Meine Freundinn,
Mein Täubchen,
Meine Reine,
Thu auf mir!
Mein Haupt ist voll Thaues
Und meine Locken vom Träufeln der Nacht.

Sulamith: Mein Kleid ist ausgezogen;
Wie? soll ichs anzieh'n?
Meine Füße sind gewaschen;
Soll ich sie neu besudeln?

Mein Lieber streckte
Die Hand durch die Oeffnung,
Mein Innres bebte mir.

Da stand ich auf
Zu öffnen ihm, dem Lieben.
Meine Hände troffen Myrrhen,
Meine Finger troffen Myrrhen,
Die über die Ringe der Riegel liefen.
Auf that ich meinem Lieben,
Mein-Lieber war entwichen,
Verschwunden — —
Meine Seele war mir entgangen
Bei seinen Worten —
Ich sucht ihn nun, und fand ihn nicht.
Ich rief ihn, aber Er
Antwortete mir nicht.
Mich fanden die Hüter,
Die die Stadt umgehn.
Sie schlugen mich,
Sie verwundeten mich,
Sie raubten mir den Schleier,
Die Hüter der Mauern.

Ich beschwöre euch, Töchter Jerusalems!
Wenn ihr ihn findet,
Meinen Geliebten,
Was wollt ihr ihm sagen?
Daß ich vor Liebe krank bin.

Jungfrauen. Was ist denn dein Geliebter vor
Geliebten,
Du Schönste der Weiber!

Was ist denn dein Geliebter vor Geliebten,
Daß du uns so beschwurst?

Sulamith. Mein Lieber ist weiß und roth,
Sich auszeichnend unter zehentausend.
Sein Haupt das feinste Gold,
Seine Locken kraus,
Und schwarz wie ein Rabe.
Seine Augen wie Täubchen
Ueber Wasserbächen,
In Milch gebadet,
In Fülle schwimmend.
Seine Wangen sind wie Blumenbeete,
Wie Kästchen Würze.
Seine Lippen Rosen,
Sie triefen strömende Myrrhe.
Seine Hände güldene Cylinder,
Voll Tyrkisse.
Sein Bauch ein lautres Elfenbein,
Mit Saphiren bedeckt.
Seine Schenkel Marmorsäulen,
Gebaut auf goldenen Füßen.
Sein Ansehen wie der Libanon,
Erhaben wie Cedern.
Sein Gaume Süßigkeiten,
An ihm ist alles Lieblichkeit.
Dieß ist mein Lieber, dieß ist mein Freund,
Ihr Töchter Jerusalems.

Jungfrauen. Und wohin gieng denn dein Geliebter?
Du Schönste der Weiber!
Und wohin wandte sich dein Geliebter?
Wir wollen ihn suchen mit dir.
                                    Sulamith.

Sulamith. Mein Lieber gieng in seinen Garten,
　　Zu seinen Blumenbeeten,
　　Zu weiden in den Gärten,
　　Zu sammeln Rosen sich.
　　Mein Lieber ich bin sein,
　　Mein Lieber, er ist mein,
　　Der unter den Rosen weidet! *)

Wieder ein Lied der Liebe, die stärkste Sehn=
sucht, die süßeste Wehmuth in den kühnsten und
lieblichsten Bildern darstellend!

Das ganze Gemählde enthält Nachtscenen.

Ein unschuldiges Landmädchen fühlte glühende
Liebe, aber ihr Geliebter ist entfernt. Es ist Nacht,
sie legt sich zu Bette, doch kann sie nicht schla=
fen, ihr Herz wacht, die Liebe raubt ihr den
Schlummer. Es rauscht, sie horcht; was ruft?

Stimme meines Geliebten!

Im Dunkel der Nacht hat er sich zu dem ein=
sam schlafenden Mädchen geschlichen — und klopft
an ihrer Thüre. Voll Liebe und Sehnsucht schmach=
tend, bittet er sie mit den zärtlichsten Liebkosungen,
ihm zu öffnen. Aber sie ist entkleidet und zu
schamhaft, ihm sogleich zu öffnen. Sie will erst
ihre Füße, die Heiligthümer der Liebe, bedeken.
Der Geliebte kann nicht so lange warten, er will
die Seligkeiten der Liebe schmeken, er sucht mit

---

*) Hohel. Kap. 5, 2 — 6, 2.

Geschicklichkeit den Riegel der Thüre zurückzuschie=
ben, allein vergebens. Naß vom nächtlichen Thaue,
wird er des langen Wartens müde, und eilt er=
zürnt weg — denn unbefriedigte Sehnsucht führt
zum Zorne.

Schon war er entwichen, da wollte sie, jetzt
angekleidet, die Thüre ihm öffnen. Sie berührt
den Riegel und köstliche Salben von Myrrhen, stille
Opfer seiner Liebe, triefen von ihren Fingern —
aber er war verschwunden; sie sucht ihn, aber fand
ihn nicht; sie geht ihm bis zur Stadt nach, ruft
laut und ängstlich, doch er antwortet nicht. Da
fällt sie den Wächtern der Stadt in die Hände,
die sie wie eine Unedle behandeln, sie schlagend
verwunden, sogar den Schleier der Ehrbarkeit und
jungfräulichen Zier ihr rauben.

Doch auch diese Mißhandlung kann sie von
dem ferneren Aufsuchen des Geliebten nicht abhal=
ten; sie fühlt seine beleidigte Liebe; sie hätte ihm
sogleich öffnen sollen. Sie eilt fort und begegnet
einem Haufen Mädchen, sie bittet sie, ihrem Ge=
liebten nur zu sagen, daß sie krank von Lie=
be sey. In der Eile und Verlegenheit hat sie
den Jungfrauen nicht gesagt, wer ihr Geliebter ist,
und wie sie ihn erkennen könnten. Sie fragen
daher das ängstlich suchende Mädchen: wie ihr Ge=
liebter gestaltet sey, und wodurch er sich vor an=
dern auszeichne?

Da strömt das höchste Lob von ihren Lippen,

die Liebe spricht, und in Fleisch und Mark sucht
sie seine Schönheit und Würde zu beschreiben. Im
heftigsten Ausbruch der Liebe kann sie nicht jeden
einzelnen Zug seines Gesichts bezeichnen; sein
Haupt ist das feinste Gold und so glaub=
te sie mit einem Wort für die Schönheit seines
Gesichts alles gesagt zu haben. Es ist eine Ei=
genheit der alten Dichter, Gold für alle Schön=
heit zu setzen.

Seine Locken sind kraus und schwarz,
neue Züge zu dem großen Bilde seiner Schön=
heit und Jugendstärke. Seine Augen werden
als Täubchen ausgemahlt, wie sie über der
Quelle in Fülle schwimmen und sich in
der Helle des Wassers baden; so belebt,
so schwimmend und regevoll, so voll Schüchtern=
heit und Unschuld sind diese Augen. Seine
Wangen sind blühend wie Blumenbeete,
voll der köstlichsten Würze. Seine Lippen
sind Rosen, so roth, lebendig und schön; sie hauchen nur
lieblichen Myrrhenduft. Seine Hände sind gül=
dene Cylinder voll Tyrkisse, so stark und
glänzend. Sein Bauch ist ein lautres El=
fenbein, mit Saphiren bedekt, so weiß
und fest und stark. Seine Schenkel Mar=
morsäulen, so stark und gerundet, und diese
ruhen auf güldenen, den schönsten Füßen.
Sein Ansehen ist majestätisch wie der Li=
banon, erhaben wie die schlanke Ceder mit we=
hendem Wipfel. Er ist ganz Lieblichkeit;
so schließt sie die Zeichnung seiner Schönheit; er

4 *

ist Lust und Liebe. Wir bewundern diese Zeichnung, die so lebendig und stark, ganz das Bild des nackenden schönen Mannes in seiner Jugendstärke und Blüthe ist.

Mit reiner Seel und edlem Stolze hatte das liebende Mädchen die Zeichnung ihres trauten Freundes den Jungfrauen Jerusalems gegeben — da wurden sie ganz in ihre Liebe verflochten; ihr einstimmiges Wort ist: Wir wollen ihn suchen mit Dir!

Wo ist er hingegangen?

Dem Blumen auf den Wangen duften, Rosen auf den Lippen blühen — wo kann er hingegangen seyn? Ruhe kehrt in Schlamiths Herz zurück, sie spricht:

Mein Lieber ging in seinen Garten,
Zu seinen Blumenbeeten,
Zu weiden in den Gärten,
Zu sammeln Rosen sich.

Seine Liebe kann nicht verschwunden seyn; ihr Herz ist in dem seinigen ganz zerschmolzen. Daher ihr froher Ausruf:

Mein Lieber ich bin sein,
Mein Lieber, er ist mein,
Der unter den Rosen weidet!

Wer kann von diesem reinen, süßen Liebe der Liebe, ohne innere Rührung, weggehen?

7.

Der König und Sulamith.

Der König:
Wer ist's die aufglänzt wie das Morgenroth?
Schön wie der Mond,
Hell wie die Sonne,
Furchtbar wie ein Kriegerheer?

Sulamith:
Zum Nußgarten war ich gangen,
Nach den Früchten in dem Thal zu sehn;
Zu sehn, ob schon der Weinstock knospe,
Ob schon die Aepfel blühn?

Und wußte nicht, daß meine Seele
Mich gesetzt zum Kriegeswagen
Meines edlen Volks!

Der König:
Kehr um, kehr um, o! Sulamith!
Kehr um, kehr um,
Daß wir dich schaun!

Sulamith:
Was wollt ihr schaun an Sulamith?

Der König: Den Tanz der Gottesheere?

Wie schön sind deine Tritte in den Schuhn
Du Fürstentochter!

Die Schwingungen deiner Hüften sind
Wie Kettenwerk, von Künstlershand gemacht.
Dein Schoos ein runder Becher,
Dem es an Würzwein nimmer fehlt.
Dein Bauch ein Weizenhügel,
Umpflanzt mit Rosen.
Deine zwo Brüste wie zwo Rehchen,
Die einer Mutter Zwillinge sind.
Dein Hals gleich einem Thurm von Elfenbein,
Deine Augen gleich den Teichen zu Hesbon
Am Thore der vornehmen Töchter.
Deine Nase wie das Schloß auf Libanon,
Das gen Damaskus schaut.
Dein Haupt auf dir wie der Karmel,
Das Haar deines Hauptes wie Purpur,
Ein geflochtener Königsbund.

Wie schön bist du,
Und wie so lieblich du,
O Liebe, in der Lust!
Dein Wuchs gleicht einem Palmenbaum
Und deine Brüste den Trauben.
Ich sang:

Ich steig' auf diese Palme.
Will ihre Zweig erfassen.
Es seyen deine Brüste
Trauben mir, wie Aepfelduft
Sey mir deines Athems Duft.
Dein Gaume wie guter Wein —

Sulamith: Der einschleicht meinem Lieben
Süß hinein,

Und schlummert ihm die Lippe
Säuselnd zu.

Ja ich bin meinem Lieben,
Ihm nur ist meine Sehnsucht.
Komm, mein Geliebter,
Wir wollen aufs Land gehen,
Auf Dörfer wohnen.
In dem Weinberg früh aufstehen?
Sehn, ob der Weinstock blühe?
Ob seine Trauben sich aufthun?
Ob die Aepfel blühn?

Da will ich dir
Alle meine Liebe geben.
Die Blumen der Liebe duften schon
Und über unsrer Thür
Ist allerlei Schönes,
Neues und alt,
Mein Lieber, ich spart' es dir.

Wer gibt mir dich
Zum Bruder mir?
Der meiner Mutter
Brüste gesogen.
Ich fände dich draußen
Und küsse dich.
Und keiner verhöhnete mich.

Ich wollt dich führen,
Ich wollt dich bringen
In meiner Mutter Haus.

Du solltest mich lehren,
Ich würde dich tränken
Mit gewürzetem Wein,
Mit Most von Granaten.

Seine Linke
Mir unterm Haupt,
Und seine Rechte
Umfaßt mich.

Der König: Ich beschwör euch, Töchter Jerusalems,
Wenn ihr sie weckt!
Wenn ihr sie regt, die Liebe!
Bis es ihr gefällt! *)

Ein liebender König der Hebräer, — wer mag er anders seyn, als der durch seine Liebe berühmte Salomo? — besaß unter den vielen schönen Weibern eine Sulamith, die sich besonders durch ihre Schönheit und Liebe auszeichnete. Sie war ihm die Geliebteste, er besuchte sie oft mit neuer Sehnsucht in dem Saale, in dem Garten. Sie gieng ihm, mit dem höchsten Liebreiz entgegen, und er ruft ihr voll Entzücken zu: Wer kommt daher wie Morgenroth, schön wie der Mond, hell wie die Sonne — furchtbar wie ein Kriegerherr, in solchem majestätischen Gang?

Sulamith, ein die Natur zart liebendes Land= mädchen, antwortet ihrem Geliebten in einem ko= senden Liedchen:

---

*) Hohel. Kap. 6, 9 — Kap. 8, 4.

Zum Nußgarten war ich gangen
Nach den Früchten in dem Thale zu sehn꞉.

Der König hatte ihr süßes Lob gesagt, aber
die Worte, daß sie furchtbar wie ein Krie=
gerherr seyn soll, dünken ihr zu hart. Sie
singt ihm daher bescheiden, doch schielend:

Und wußte nicht, daß meine Seele
Mich gesetzt zum Kriegeswagen,
Meines edlen Volks!

Dann ging sie etwas seitwärts. Der König
fühlte, daß er ihrem Zartgefühl, ihrer Weiblich=
keit zu nahe getreten war, und ruft sie zurück:
ich will dich schaun!

Sie entgegnet ihm:

Was willst du schaun an Sulamith?

Er singt ihr freundlich zu:

Den Tanz der Gottesheere!

Sie soll ihm tanzen, und tanzend ihm ihre
Schönheit und Wollust zeigen. Der Tanz war
im Orient frühe geheiligt; man konnte der
Gottheit kein Fest feiern, ohne zu tanzen. Daher
waren den Dichtern die Engel, die Sterne, ein
jauchzendes, tanzendes Siegsheer um den Thron
des allerhöchsten. *)

---

*) Pf. 68, 18. Hiob 38, 7.

Sulamith tanzt, und ihr Geliebter singt, nach
Betrachtung ihres schönen, stolzen und wollüstigen
Körpers, ihr das schmeichelnde Lob.

Wie schön sind deine Tritte in den
Schuhn — schon diese Tritte zeichnen dich als
Fürstentochter, als die Favoritin des Königs. Sie
tanzt mit den kürzesten Tritten und Wendungen.
Im Tanz nimmt sich die weibliche Form vorzüglich
schön aus. Das orientalische Weib kleidet sich
ganz dünn, ein leichtes durchsichtiges Gewand läßt
alle Theile ihres Körpers sehen. Daher sieht und
bewundert der liebende König die Schwingungen der Hüften seiner Geliebten, Kettenwerk geschlungen von Künstlershand.
Ihr Schoos, die Lebensquelle der Liebe, drückt
sich in jeder rückwärts gemachten Bewegung hervor
und ist wie ein runder Becher, aus dessen Fülle
man den süßen gewürzten Wein schlürfen möchte.
Ihr Bauch ein Weizenhügel, der sanft sich
hebt, hinanschwillt, mit Rosen umpflanzt,
liebliche Gerüche duftend. Ihre Brüste wie zwo
Rehchen, die einer Mutter Zwilling sind, so voll,
hüpfend und gleich. Ihr Hals steht fest und
majestätisch, gleich einem Thurm von Elfenbein. Ihre Augen schwimmen, blitzen wie
Hesbons Teiche, auf welche die Sonne blickt.
Und ihre Nase raget hervor, so schön und stolz
wie das Lustgebäude, auf einer der Höhen
Libanons, das die fröhlichste Aussicht ins Thal
nach Damaskus und bis übers Meer hat. Das
Haupt trägt sie stolz und erhaben, wie der Kar-

mel, deſſen Spitze ſich über die übrigen Berge
Judäas majeſtätiſch erhebt. Und ihr Haar iſt
wie eine Purpurſchneke gewunden, geflochten
wie ein Königsturban; ſie iſt wahrhaft Königin.

Der König iſt entzückt von der Schönheit der
vor ihm tanzenden Geliebten, ſie iſt ihm ganz
Wolluſt. Noch einmal vergleicht er ihren Wuchs
mit einer ſchlanken Palme, ihre Brüſte mit
vollen, ſüßen Trauben und dann ſingt er wonnetrunken ihr das hinſchwindende Lied.

> Ich ſteig' auf dieſe Palme,
> Will ihre Zweig erfaſſen.
> Es ſeyen deine Brüſte
> Trauben mir, wie Aepfelduft
> Sey mir deines Athemsduft,
> Dein Gaume wie guter Wein —

Schönes Bild des höchſten Genuſſes der Liebe.
Sulamith findet es ja auch ſo ſchön und reitzend,
daß ſie ihm, in der wärmſten Umarmung vom
Weine der Wolluſt, entgegen ſingt:

> Der entſchleicht meinem Lieben
> Süß hinein,
> Und ſchlummert ihm die Lippe
> Säuſelnd zu!

Sie iſt ganz ihrem Lieben, nur er iſt ihre
Sehnſucht. Doch auf dem Lande erzogen, möchte

sie mit ihrem Geliebten auf Dörfern wohnen, um
die Natur in allen ihren Reitzen, und die Liebe
ganz rein genießen zu können. Sie möchte sehen,
ob die Aepfel blühen. Dort duften, auf offener
Flur, die Blumen der Liebe, die zur Wollust reizen und in Wollust einwiegen. Auch süße Früchte
hat sie ihrem Lieben aufgespart.

Ihren Lieben möchte sie überall ohne Scheu,
küssen und drücken, daher wünscht sie ihn Bruder
nennen zu dürfen. Den lieblichsten, erwärmend-
sten Wein wolle sie dann ihm geben. Bei diesen
wonnetrunkenen Worten kann sie nicht länger stehen, sie sinkt:

> Seine Linke
> Mir unterm Haupt,
> Und seine Rechte
> Umfaßt mich

schwimmen sie im Meer der Seligkeiten. Die Geliebte ist im Taumel der Liebe eingeschlummert,
der Gatte erwacht, singt ihr leise das einwiegen-
de Lied:

> Ich beschwör euch, Töchter Jerusalems
> Wenn ihr sie weckt!
> Wenn ihr sie regt, die Liebe!
> Bis es ihr gefällt!

Eins der schönsten Gemählden, das begeisterte
Dichter der Vorwelt der Liebe weihten. Es ist

von der herrlichsten Anlage, der lebendigsten Dar=
stellung und der schönsten Rundung. Die Gelieb=
te trat wie glühend Morgenroth auf, antwortet
dem Liebe singenden Trauten ihres Herzens in
einem zarten Liebe der Natur, und tanzt dann
vor ihm mit der höchsten Anmuth und Wolluft her.
Der Tanz ist auf das prächtigste gemahlt, auch
die sanfteste Bewegung des Körpers ausgedruckt.
Die weibliche Gestalt ist in ihrer höchsten Schön=
heit hingestellt, ganz nach der nackenden schönen
Form wieder gegeben. Der Künstler hätte keine
gemeine Seele; er hebt Kopf, Haar, Nase, Hals,
Brüste, Hüfte, Bauch, Schoos mit den stärksten
Zügen hervor — und der König, der heiligen Sinn
für das Grosse und Schöne hatte, sinkt vor der
Göttlichen in liebender Anbetung nieder. Er
streckt mit Sehnsucht seine Arme nach ihr aus
und wird erhört; sie tränkt ihn mit dem süsesten
Wein der Liebe. Die im Morgenroth aufgegan=
gene Schöne sinkt nieder. Da liegt sie schlum=
mernd da. Der König stellt sich wieder vor sie
hin, hütet sie, und singt ihr ein süsses Schlum=
merlied. — Lasset sie schlafen, sie liegt im Traume
der Unschuld und Liebe!

IV.

Orakelpoesie.

1.

Jakobs Abschiedsgesang.

Es gab frühe Menschen, die sich, durch Geist, über ihre Brüder erhoben. Durch Beobachten und Vergleichen, durch eigenes Wirken hatten sie sich einen sichern Blick über die Ereignisse des Tages erworben, und bald wagten sie, ahnend, selbst von der Zukunft zu sprechen. Solche Seher nahmen besonders dann die ganze Kraft ihres Geistes zusammen, wenn sie ihr nahes Lebensende fühlten, und von frohen Wünschen für das Wohl ihrer Kinder belebt, diesen ihren letzten Willen öffneten, und hohe Segenswünsche über sie aussprachen. So hatte Jakob, jener berühmte Stammvater der Israeliten, seine Söhne um sein Sterbebette versammelt und in erhabenen Aussprüchen, mit dem Adlerblick in die ferne Zukunft, Abschied von ihnen genommen. Ein späterer Dichter, vermuthlich Moses, brachte diese Aussprüche, welche die Sage aufbehalten, in ein gerundetes Gedicht. Es ist voll Schwung, Feinheit und Grazie; wir bewundern es in jeder Strophe:

Versammelt euch! Ich will euch zeigen,
Was euch in späten Tagen begegnen wird!
Kommt zusammen und höret, Jakobs Söhne,
Höret Israel, euren Vater!

Ruben, mein Erstgeborner,
Du meine Kraft, Erstling meiner Stärke,
Der Vorzug deiner Würde,
Der Vorzug deiner Macht
Floß hin wie Wasser.
Hast keinen Vorzug mehr.
Dann du bestiegest deines Vaters Bett!
Nun bist du entweiht!
Bestieg er doch mein Lager!

Simeon und Levi — Brüder sinds!
Mörderwaffen waren ihre Schwerdter!
In ihren Plan kam meine Seele nicht,
Nie willigte mein Herz in ihren Rath,
Als sie im Grimm den Mann erschlugen,
Voll Wuth den Stier entsehnten!
Verflucht sey ihr so heftiger Zorn,
Und jener ihr grausamer Grimm!
In Jakob will ich sie zertheilen,
Zerstreuen sie in Israel!

Jehuda, du!
Dich werden preisen deine Brüder.
Deine Hand ist auf dem Nacken deiner Feinde,
Sie bücken sich dir deines Vaters Söhne.

Ein junger Löw' ist Juda!
Vom Raub, mein Sohn, schwingst du dich auf,
Da liegt er lauernd wie ein Löwe,
Der Löwinn gleich, wer reitzt ihn auf?

Das Scepter weicht von Juda nicht?
Gebieter stammen von ihm ab.

So lange Enkel kommen,
Gehorchen ihm die Stämme.

Dann bindet er an Weinstöck' seinen Esel,
An edle Reben seiner Es'lin Sohn.
Im Weine waschet er sein Kleid,
Im Traubenblute sein Gewand.
Die Augen funkeln ihm vom Wein
Und seine Zähne weißen sich von Milch.

Am Meergestade wohnet Sebulon,
Am Ufer der Schiffe —
Seine Seite gehet bis nach Sidon.

Isaschar ein Knochen = Esel,
Wird zwischen seinen Tränke = Rinnen ruhn!
Er sieht, die Ruh ist angenehm,
Das Land ist ihm so schön —
Und reigt die Schulter hin zu tragen
Und wird dienstbarer Knecht.

Dan richtet selbst sein Volk,
Gleich jedem Stamme Israels.
Denn ist am Wege eine Schlange,
Und an der Straße ein Cerast.
Er beißet in den Fuß das Roß[1],
Daß es den Reuter rückwärts wirft.
Auf deine Hilfe hoff ich, Jehova!

Gad — Haufen drängen auf ihn,
Doch drängt er sie wieder von hinten!

Von

Von Asser kommt her fettes Brod,
Er liefert Leckerbissen für die Könige.

Naphthali ist eine schlanke Terebinthe,
Die schöne Wipfel treibt!

Eines zarten Schäfchens Sohn war Joseph,
Eines zarten Schäfchens Sohn am Wasserquell!
Des Wildes Schwarm sah ihn mit Neid!
Ihm machte bittern Schmerz
Das feindliche Geschoß der Pfeilerfahrnen.
Doch saß ihm fest sein Bogen,
Und Arm und Hände waren ihm gelenk:
Durch die Hand des Helden Jakobs —
Von jeher ihm ein Hirte,
Ein Hort für Israel;
Und deines Vaters Gott, der dir half,
Der Allerhöchste wird dich fürder segnen
Von oben mit des Himmels Segen,
Dem Segen tief liegender Gewässer,
Mit der Brüste und Mutterleibe Segen!
Der Segen deines Vaters übersteigt
Den Segen ewiger Berge
Und der bejahrten Hügel Reitz.
Er senket sich auf Josephs Haupt,
Den Scheitel des Gekrönten seiner Brüder!

Ein Wolf ist Benjamin, er raubt,
Von seinem Raube frißt er des Morgens,
Des Abends theilt er Beute aus. *)

---

*) 1. Mos. 49.

5

Mit einer schmerzlichen Klage beginnt das Ge=
dicht. Ruben hätte unter seinen Brüdern der
erste seyn können, weil er der Erstzeugte seines
Vaters war. Aber im heftigen Wollusttriebe ent=
weihte er sein Geschlecht; er hatte Bilha, das
Nebenweib seines Vaters, beschlafen. 1. Mos. 35, 22.
Da floß sein Vorzug dahin. Der beleidigte Vater
beklagt es selbst.

Auch Simeon und Levi hatten sich in ihrer
wilden Leidenschaft vergangen, zwar war Wollust
nicht ihr Verbrechen, aber eine verstellte, boshafte
Mordgier. Sie hatten Sichem, den Mann,
den edlen Stier, den würdigen Fürsten hinterlistig
ermordet. Erst zwangen sie ihn zur Beschneidung,
und da er in den heftigsten Schmerzen derselben
lag, ihm so gleichsam die Sehnen abgeschnitten
hatten, war es leicht, ihn zu tödten. 1 Mos. 34, 25. ff.
Der Stier ist im Orient ein sehr würdiges
Bild der Stärke und Grosmuth, und wird dem
Mann gleichgesetzt. Jakob hatte zu der mörde=
rischen That seiner Söhne Levi und Simeon nicht
Veranlassung gegeben, noch weniger dazu gerathen.
Er wendet sich daher, mit Abscheu, von ihnen
weg, und will auch künftig ihre Nachkommenschaft
nicht bei einander wohnen sehen. Wie leicht
könnten sie, durch Gesinnung und Stärke mitein=
ander verbunden, neue blutige Greuel ausüben?

Auf Juda wird der Vorzug der Erstgeburt über=
getragen, er empfängt das Scepter; er ist Be=
fehlshaber im Krieg, und Sprecher im Frieden,

ihm folgen die übrigen Stämme, so lange nur tapfre
Männer aus seiner Mitte hervorgehen. Wollte der
Dichter seine Stärke und Tapferkeit recht lebendig
ausdrücken, so vergleicht er ihn mit einem Löwen.
Da er so mächtig ist, so wählt er sich eine Gegend zum Wohnsitz, die reich an den köstlichsten
Erzeugnissen ist. Krieger lieben den Wein; Juda
hat diesen im Ueberfluß: im Weine wäschet er
sein Kleid, im rothen Wein, im Trauben-
blut, sein Gewand. Schon seine funkelnden
Augen bezeugen, daß er die Kraft des Weines
kennt. Auch an Viehzucht fehlt es ihm nicht,
denn die Zähne weißen ihm von Milch.

Sebulon liebt Schiffarth und Handlung.
Wo wohnt er schicklicher, als am Meergestade, da, wo die Schiffe landen. Wirklich wohn-
te dieser Stamm auch nachher am Meere,
an der Seite, Grenze von Sidon und Tyrus.

Isaschar mochte, mit seinem Geschlechte, ein
allzugroßer Freund der Ruhe gewesen seyn, und
doch fehlte es ihm nicht an Stärke. Der Dichter entwirft daher von ihm ein Bild der Faulheit.
An Macht gebricht es ihm nicht: Er ist ein Knochen = Esel. Im Orient ist der Esel ein star-
kes, muthiges Thier und keineswegs so verachtet,
wie bei uns. Aber Isaschar streckt sich gerne als
träger Schäfer hin: ruht zwischen seinen
Tränke = Rinnen! Im weilenden Blick auf
seine Heerden, im Bestrahlen der Abend = und
Morgensonne, im Schatten kühlender Bäume bei

5 *

der Mittagshitze sieht er, die Ruh ist ange=
nehm, das Land ist ihm so schön! Um
die süße Ruhe nicht zu verlieren, opfert er gern
von seiner Freiheit auf, zahlt lieber Tribut, und
wird so unterwürfiger Sclave.

Der Dichter mochte den Charakter der Ischa=
riter sehr tief studirt haben. Denn in der That
finden wir nicht, daß, aus ihnen, in der Folge
Helden hervorgetreten wären, oder, daß sie nur
von ihrer Stärke Gebrauch gemacht hätten. So
gibt es Völker, deren Eigenheit, seit Jahrhunder=
ten, Trägheit ist, die sich lieber alles nehmen las=
sen, um nur nicht ihre körperliche Kraft anstrengen,
und mit Fleiß arbeiten zu dürfen.

Auf den, dem Bruder ertheilten, Tadel erhält
Dan Lob. Seine Klugheit und List verdienten
Auszeichnung. Er konnte seine Familie und spä=
terhin seinen Stamm selbst regieren und durch
Ordnung zusammenhalten. Mit Recht heißt er
Dan, ein Richter, Regierer: Der Richter
richtet selbst sein Volk! Ungemein
gern spielt der alte Sänger mit Namen, knüpft an
diese neue Ideen an, und mahlt sie dann mit sei=
nen lieblichen Bildern aus. Ihm ist Dan nun
eine Schlange, ein Cerast, der durch List und
Gewandheit sogar das Pferd mit seinem Reuter zu
Boden wirft und tödtet.

Nach Moßes Entwurf sollte daher auch der
Stamm Dan die nördlichste Gegend von Palästina

besitzen , die den feindlichen Anfällen vorzüglich
ausgesetzt war. Denn in der Folge geschahen alle
Einbrüche in Judäa aus Syrien durch die Thäler
des Libanons. In dieser sehr gefährlichen Gegend
konnten die Daniten ihren Heldenmuth und ihre
List zeigen. Wirklich hatte sich auch Moses in
der Verschlagenheit derselben nicht geirrt. Ihre
Eroberung von Leschem wurde, im Grund, nur
durch List erschlichen. Richt. 18. Und was war
Simson, der Danite, den Philistäern anders,
als eine Schlange am Wege, ein kühner Cerast,
der sich der Ferse des Rosses von hinten anwirft?
Durch List und wohlgewählte Oerter, wehrte er
sich gegen mächtige Haufen, und that Schaden,
wo er nicht überwinden konnte.

So wie sich Völker, in einer Reihe von Jahr=
hunderten, in Faulheit gleich bleiben, so verlieren
andere nie den Charakter des Fleises, der Gewandt=
heit, der Klugheit und List. Ich erinnere an die
Gallier, die seit Jahrtausenden ihren Charakter
nicht verleugnet haben.

Gad war tapfer und unerschrocken. Er focht
mit Glück, und seine Leute bildeten immer einen
großen Haufen. Gad bezeichnete schon seinem
Namen nach, Glück und Haufe. Der Dichter
mischt daher in seinem Ausspruch über ihn ein
vierfaches Wortspiel ein: Gad (Glücks = Haufe) —
Haufen drängen auf ihn, doch drängt er
sie wieder von hinten. Jehova steht ihm bei.

Affár war ein Freund von fetten, wohlschmeckenden Speisen. Wollen Könige für ihren Gaumen Lecker=bissen haben, so können sie solche von den Afferi=ten erhalten. Denn: von Affer kommt her fette Speise!

Kurz, aber bedeutungsvoll ist der über Naph=thali ausgesprochene Segen: Er ist eine schlanke Terebinthe, die schöne Wipfel treibt! Erst nach langer Zeit, gleichsam nach einem bestandenen Kampfe von Innen und Aus=sen, erreicht die Terebinthe ihre schlanke Höhe, treibt einen erhabenen Wipfel, und läßt nun, un=ter dem Schatten ihrer dicken und stets grünenden Blätter, den müden Wanderer erquickend ausruhen. Ganz passend konnte der Dichter, mit einer Tere=binthe, Naphtali vergleichen, denn er hatte ihm zum Wohnsitz das waldigte Gebirg auf der Nord=höhe Kanaans bestimmt, wo die breitgewipfelte Terebinthe grünte.

Am reinsten spricht der Dichter sein Gefühl über Joseph aus. Ihm war es aus der Sagenge=schichte seines Volks bekannt, mit welcher Zärtlich=keit Jakob seine Rahel geliebt hatte. Als Schäfer hatte er die Schäferin kennen gelernt, dort am Brunnen bei Haran ihr, Liebe weinend, die Stir=ne geküßt, in ihrer Liebe selig sieben Jahre, für ihren Besitz wie einzelne Tage, gedient und — in der Brautnacht erhielt er sein schönes, zärtliches Schäfchen *) nicht; statt ihrer fand er am Mor=

---

*) Rahel heißt im hebräischen ein Schaf.

gen die kleinäugigte Lea.   Die geliebte Rahel
sollte an seiner Seite ruhen. darum dient er noch
einmal sieben Jahre für sie.   Lange erhielt er kei=
ne Kinder von ihr; sie seufzt und weint um ein
Denkmal der Liebe.   Endlich wird sie schwanger,
und gebirt Joseph, einen Jungen, so zart wie sie.
Wie schön singt nun der Dichter:

> **Eines zarten Schäfchens Sohn war**
> **Joseph,**
> **Eines zarten Schäfchens Sohn am**
> **Wasserquelle.**

Zart war das Schäfchen, die Mutter, zart war
ihr Lämmchen, Joseph, der Sohn; ob seiner
Zartheit pflegt sie seiner mit Sorgfalt, damit er
gedeihen möge, wie sie ehehin weidete ihre zarten
Schafe mit den jungen Lämmern am grünen, küh=
lenden Wasserquell.

Auf die Schafe machen reißende Thiere Jagd,
und werden, wenn nicht der wachende Schäfer
sie verjagt, ein zerfleischender Raub derselben. Auch
auf Joseph, das wehrlose Schaf, machen wilde
Thiere, seine von Neid erfüllten Brüder, Jagd:

> **Des Wildes Schwarm sah ihn mit Neid.**

Joseph hatte gegen seine Brüder nichts Feind=
seliges im Sinn, wenn er gleich zuweilen ihre
Unarten dem Vater sagte: sie verfolgen ihn oh=
ne gegründete Ursache; Potiphar, seinem Herrn,
war er in Aegypten ein treuer Diener, und dennoch

verleumdete ihn sein unkeusches Weib. Ein sol=
ches unverdientes Schicksal mußte ihn schmerzen;
aber im Gefühl der Tugend und im Vertrauen
auf den Beistand des, ihn stets geschützten, Jeho=
va, durfte er nicht das Opfer seiner Feinde werden.

Ihm machte bittern Schmerz
Das feindliche Geschoß der Pfeil=
erfahrnen,
Doch saß ihm fest sein Bogen.
Und Arm und Hände waren ihm gelenk:
Durch die Hand des Helden Jakobs,
Von jeher ihm ein Hirte,
Ein Hort für Israel.

Joseph war durch die Macht und Größe, zu
der er sich in Aegypten erhob, und durch die
Wohlthaten, die er hier seinem Vater und seinen
Brüdern erwieß, der erste unter ihnen geworden,
er glänzte wie die Sonne am blauen Himmel.
Dafür krönt ihn nun der Dichter; aller Segen
der Natur, des Himmels und der Erde, der Wei=
berSchönheit und Fruchtbarkeit, der Berge und der
Thäler wird seinem sich immer mehrenden Ge=
schlechte in einen Segen, gleich einzelnen lieb=
lich riechenden Blumen, in einen runden Straus
geschlungen:

Und deines Vaters Gott, der dir half,
Der Allerhöchste wird dich fürder segnen
Von oben mit des Himmels Segen,
Mit Segen tief liegender Gewässer,

Mit Segen der Brüste und Mutterliebe! z
Der Segen deines Vaters übersteigt
Den Segen ewiger Berge
Und der bejahrten Hügel Reiz.
Er senket sich auf Josephs Haupt
Der Scheitel des Gekrönten seiner
Brüder!

Benjamin liebte die Streifereien des Nomaden. Morgens früh geht er auf Raub aus, zehrt
von demselben des Tags über, und das Uebrig-
gebliebene theilt er des Abends großmüthig, als
Geschenk des Sieges, aus. Was ist Benjamin bei
solcher Lebensart? Ein Wolf, der raubt.

2.

Moses letzter Segensgesang.

Jehova kam von Sinai,
Ging ihnen auf von Seir,
Glänzt auf vom Berge Pharan her,
Erschien mit Myriaden seiner Heiligen,
Ein Feuer Gesetz in seiner Rechten!

Wie sehr liebt er die Stämme!
Die Heiligen alle sind an seiner Hand!
Zu seinen Füssen liegen sie,
Zuhorchend deinen Sprüchen!

Es gebot uns Mose das Gesetz,
Das Erbtheil der Gemeine Jakobs,

Ward über Jischrun *) ein König,
Wann sich des Volkes Häupter sammleten,
Zu Rath die Stämme Israels!

Es lebe Ruben und sterbe nicht!
Zahlreich werde seine Mannschaft!

Und dieß für Juda. Er sprach:
Hör' Jehova Jehudas Stimme!
Zu seinem Volk bring ihn zurück!
Und sind schon seiner Hände viel,
Sey du sein Helfer doch im Feindsgedräng!

Zu Levi sprach er:
Dein Licht u. Recht bleibe deinem frommen Manne!
Du prüftest an der Prüfstätt ihn,
Und hadertest mit ihm am Haderquell.
Der doch zu seinem Vater sprach
Und seiner Mutter: ich sah' euch nicht!
Zu seinem Bruder: ich kenn' ihn nicht!
In seinen Söhnen: ich weiß von ihnen nichts!
So hielten sie ob deines Worts,
Und wachten über deinen Bund!
Sie werden Jakob deine Rechte lehren,
Israel dein Gesetz,
Die Weihrauch bringen zum Geruch,
Brandopfer auf deinen Altar.

––––––––––

*) Jischrun ist ein den Dichtern bedekter Beiname
Israels, und bezeichnet den rechtschaffen Handeln-
den.

Jehova, segne ihre Kraft!
Laß dir gefallen ihrer Hände Werk.
Zerschlag die Lenden ihrer Widerstreber
Und ihrer Hasser, ohne wieder aufzustehen!

Zu Benjamin sprach er:
Jehovas Geliebter wird in Ruhe wohnen,
Der höchste ihn den ganzen Tag beschirmen,
Er zwischen seinen Schultern ruhn!

Zu Joseph (Ephraim und Manasse)
sprach er:
Gesegnet von Jehova sey sein Land!
Von's Himmels Schätzen und von Thau,
Von Seen in der Tiefe liegend.
Was Köstliches die Sonne zeugt,
Was köstliches die Monde bringen,
Das Beste der Morgenberge,
Das Köstlichste der Urwelt Hügel.
Der Erde Köstlichkeit und ihre Fülle;
Ja, die Gnade des, der in dem Busche wohnt,
Komm' auf Josephs Haupt,
Der Scheitel des Gekrönten seiner Brüder.
Wie eines erstgebornen Stiers ist seine Zier,
Büffels Hörner sind seine Hörner.
Mit ihnen stößt er Völker nieder,
Bis an der Erde Grenzen.
Dies sind Ephraims Myriaden
Dies sind Manasses Tausende.

Zu Sebulon (und Isaschar) sprach er:
Freu, Sebulon, dich deiner Heereszüge!

Und deiner Götter, Iſaſchar!
Die Stämme rufen ſie dem Berge zu,
Und opfern dort die rechten Opfer.
Sie ſaugen an dem Ueberſchwang des Meers,
Und an den Schätzen, die der Sand bedeckt.

Zu Gad ſprach er:
Gelobet ſey, der Raum für Gad gemacht.
Wie ein Löwe wohnet er,
Zerfleiſchet Arm und Scheitel!
Des Landes Erſtling ſieht er ſein,
Da iſt des Führers Theil in ſicherer Wohnung.
Doch zieht er mit den Volkeshäuptern aus,
Vollführet nach Jehovas Recht,
Und leiſtet ſeine Pflicht Iſrael!

Zu Dan ſprach er:
Dan iſt ein junger Löwe,
Er ſpringt von Baſan auf.

Zu Naphthali ſprach er:
Geſättiget mit Huld iſt Naphthali,
Und Gottes Segens voll,
Hat Meer und Mittag zum Beſitz.

Zu Aſſer ſprach er:
Mit Söhnen geſegnet ſey Aſſer!
Von ſeinen Brüdern ſey er geliebt,
Er, der den Fuß in Oele taucht.
Von Erz und Eiſen werden deine Riegel,
Und, deinen Jahren gleich, dein Reichthum ſeyn!

An ganz Israel.

Wie der Gott Jischruns ist keiner mehr,
der in den Himmeln dir zur Hilfe fährt,
In seiner Pracht auf hohen Wolken!
Aus seiner Wohnung rekt der Gott des Aufgangs
Herab den ewigen Arm,
Stieß dann vor seinem Angesicht
Den Feind hinweg,
Und sprach: vertilge ihn!

So wohnet Israel allein und sicher.
Das Auge Jakobs blicket
Aufs Land voll Korn und Wein,
Beträufelt von des Himmels Thau!

Beglücktes Israel!
Wer ist dir gleich?
Du Volk, gerettet von Jehova,
Er, deiner Hilfe Schild,
Er, deiner Hoheit Schwerdt.
Noch schmeicheln müssen deine Feinde dir,
Und du auf ihren Höhen gehn einher! *)

Ein segnendes Abschiedslied, das jenem des ster-
benden Jakobs an die Seite gesetzt zu werden verdient. Jakob war Vater von zwölf Söhnen, die, noch
bei seinem Leben, angesehene Hirtenfürsten wurden.
Moses war der Bildner der Nachkommen derselben,

---

*) 5. Mos. 33.

die sich in zwölf große Stämme getheilt hatten.
Als Jakob von seinen Söhnen Abschied nahm,
standen sie um sein Bette, und vor seinem noch
einmal gehobenen Geiste schwebten ihre Gesinnungen und Neigungen, ihre Thaten, ihre Tugenden
und Fehler. Indem Moses den Israeliten das
letzte Lebewohl sagt, liegt ihr großes Heer vor
seinen Augen. Er war bis dahin ihr Führer
und Gesetzgeber gewesen, sie hatten ihm auf der
langen Wanderung, viele Freuden, doch noch größeren Kummer gemacht. Er kannte sie im Ganzen, wie nach den einzelnen Stämmen, in ihrem
hohen und niedrigen Sinn, in ihren Neigungen
und Wünschen, in ihren Hoffnungen und Erwar-
tungen. Der ruhige Besitz des Jugendlandes der
Altväter ist ihr Sehnen; Jehova soll und will sie
hinein führen. Nur sollen sie diesen einzig großen,
allmächtigen Jehova auch festhalten. Jehova ist
und muß ihnen alles seyn. So kann der scheidende Dichter nur mit der Majestät des Erhabensten anheben:

Jehova kam von Sinai,
Ging ihnen auf von Seir,
Glänzt auf von Pharans Berge her,
Erschien mit Myriaden seiner Heiligen!

Der Sänger zeichnet einige Oerter, wo sich Jehova, in höchster Majestät, darstellte. Dort bei
der Gesetzgebung am Sinai, in einem furchtbaren
Gewitter — dort auf Seirs Gebirge, an Pharans
Berg, im Feuerglanz, im majestätisch-brennenden

Wetter. Das Gewitter ist immer den Hebräern Symbol der Gegenwart und Majestät Jehovas. Im Feuer sprach Jehova am Sinai:

Ein Feuergesetz in seiner Rechten! unter Blitzen verkündete Moses das Gesetz Jehovas dem Volke.

Ob sich gleich Jehova am Sinai so furchtbar zeigte: so liebte er doch die Israeliten. Sie sind seine Heiligen, ihm gesondert von den übrigen Nationen der Erde. Voll Ernstes horchen sie auf seine Sprüche, enthaltend Vorschriften fürs Leben.

Der Dichter setzt mit dieser Anrede die Horchenden in Spannung. Dann mahlt er sich, als Gesetzgeber, als Führer und König des Volkes. Er legt sich sonst nicht den Namen König bei; wenn sich aber die Volkshäupter zur öffentlichen Berathung sammeln, so saß er oben an und seine Stimme entschied. War er hier, und indem er die Regierung des Volkes ganz auf sich hatte, nicht König Israels?

Jetzt redet der scheidende Vater des Volks jeden einzelnen Stamm an: Jakobs letzte Segenswünsche liegen vor seinen Augen; sie sind ihm Maasstab, nach dem er mißt und austheilt.

Ruben, ältester Sohn Jakobs, ist auch ihm der erste, an den sein Herzens-Spruch ergeht; ihm soll es zu aller Zeit wohl gehen:

Er lebe, sterbe nicht.

Die Zahl der Seelen im Stamme Ruben war zu seiner Zeit, im Vergleich der übrigen Stämme, nicht sehr groß; er wünscht ihm daher:

Zahlreich werde seine Mannschaft.

Schon Jakob hatte Juda für den ersten unter seinen Brüdern erklärt, und ihm, wegen seiner Stärke und Tapferkeit, den ersten Angriff gegen die Feinde übergeben. Moses läßt ihm diese erste Stelle, und erfleht ihm bei den tapfern Unternehmungen im Kriege, Gottes Beistand. Er bittet Jehova, nach der Schlacht.

Zu seinem Volk bring' ihn zurück.

Ist der Stamm Juda gleich sehr volkreich, tapfer und mächtig, so ist er auch für den Staat um so nothwendiger. Drum Jehova

**Sey du sein Helfer noch im Feinds-
gedräng!**

Des Dichters Spruch an den Stamm Levi lößt sich in einem feurigen Gebet, zu Jehova auf. Denn die Priester, Leviten, waren seine Stammsgenossen, seine Lieblinge, die Säulen der Konstitution. Aaron war unter den Israeliten, der frömmste, auserwählteste, er ist für das Hohepriesterthum der erste Würdige. Daher

Dein

**Dein Licht und Recht bleibe deinem
frommen Mann!**

Oft hatte er Prüfungen beim Aufruhr des,
zum Götzendienst hingesunkenen Volkes, bestan=
den — und doch schien Jehova einmal dort beim
Haberwasser nicht zufrieden mit ihm gewesen zu
seyn. Wenn er, bei der Verwaltung des Göz=
zendienstes und des Rechts, sein ganzes Familien=
Interesse vergaß, so muß er fürder

Brandopfer auf Jehovas Altar legen —
b. i. er wird ewig Großpriester bleiben.

Zwar hat er Feinde, die ihm, wegen seines
Vorzugs, als ersten Diener Jehovas, beneiden,
schon einigemal ihm das Priesterthum entreißen
wollten, 4. Mos. 16, 3. f. — aber Jehova du,
nimm dich deiner heiligen Sache an.

**Zerschlag die Lenden ihrer Widerstreber,
und ihrer Hasser, ohne wieder
aufzustehen —**
werden sie ganz vertilgt.

Waren Jehovas Priester, durch Aufrührer, ver=
trieben, so lag die ganze Verfassung Israels über
den Haufen, und ward der spielende Ball seiner
Feinde. Darum fleht der Gesetzgeber so inbrün=
stig Jehova um Stärke und Beistand für Levi.
Einst war Benjamin der Liebling seines Va=
ters Jakob, auch jetzt ist er, im Abschied des

6

fegnenden Führers, Jehovas Gebieter. Als fol=
cher ift er befchirmt:

Er ruhet zwifchen feinen Schultern.

Jehova` trägt ihn gleichfam auf feinen Schul=
tern, er fteht unter befonderer Obhut.

Der Segen über Jofeph ift lauter Nachhall
von Jakobs letztem Spruche. Auf feinem Haupte
fließen alle Köftlichkeiten zufammen. Ihm ift die
Segensfülle befchieden, ihm die Gnade Jehovas,
der einft Mofe, im lodernden Bufche, erfchien.
Sein Glanz und feine Stärke find:

Wie eines erftgebohrnen Stiers Schmuk,
Büffels=Hörner find feine Hörner.

Hörner find dem Morgenländer ein gewöhnli=
ches, edles Bild der Stärke, Ehre, des Ueber=
fluffes, und überhaupt der Vortreflichkeit und
Glückfeligkeit: der Stärke, weil das Hornvieh in
den Hörnern feine größte Gewalt hat, und folche
als feine Waffen gebraucht; der Ehre, weil die
Hörner auch zugleich eine Zierde diefer Thiere find;
des Ueberfluffes, weil man die Hörner im grauen
Alterthum zur Aufbewahrung köftlicher Salben 2c.
und als Trinkgefäße gebrauchte. Weil die Hör=
ner bildlich fo viel Großes und Schönes ausdrück=
ten: fo gaben die alten Völker ihren Göttern
Hörner. Daher verlangte auch Alexander, der
fich für einen Sohn Jupiters Ammons ausgab,

daß man ihn mit Hörnern abbilden sollte. Cur-
tius B. 4. K. 7.

So hat auch Joseph Hörner, die er zu ge-
brauchen versteht:

Mit ihnen stößt er Völker nieder,
Bis an der Erde Grenzen.

In Joseph sind zugleich, nach dem alten Jakob, die Stämme Ephraim und Manasse gesegnet; ihre Zahl steigt in die unzählbare Tausende.
1. Mos. 48, 14 — 20.

Sebulon ist tapfrer Kriegsheld:
Er freut sich seiner Heereszüge.

Mit ihm ist Isaschar verbunden, nicht durch
Tapferkeit, sondern durch Freundschaft und Liebe;
er schätze vom Anherrn her Ruhe, weil er träge
war, und seine Neigung an der Viehzucht hatte.
Ihm sagt Moses, seiner Gemüthsart gemäß:

Es freue Isaschar sich seiner Hütten!

Sebulon liebte die Handlung und sein ihm be-
schiedenes Theil von Palästina war dieser überaus
günstig. Durch seinen Verkehr mit Sidon und
Tyrus wurde er reich und angesehen. Isaschar
hat dagegen Vieh und Getraide im Ueberfluß.
Beide reiche Stämme sind's, die viele Opfer bringen können, und die übrigen Kantone ebenfalls
zu den Opfern reizen werden.

6 *

Gads Muth ist, wie der einer Löwin. Ihm
machte Jehova zuerst Raum. Was die Israeliten
im Anhang östlich vom Jordan eroberten, beka=
men die dritthalb Stämme Ruben, Gad und
Manasse.

Des Landes Erstling sieht er sein.

Jetzt bekam er für Weiber, Kinder und Vieh=
heerden sichre Wohnung. Doch machte er sich
anheischig, mit den übrigen Stämmen, Kanaan
erobern zu helfen und leistet seine Pflicht.

Dan wird in Jakobs Segen, mit einer Schlan=
ge verglichen, hier mit einem Löwen:

Er springt von Basan auf.

In Basans Gebiete hatten die Daniten, ehe
sie über den Jordan giengen, ihr Lager gehabt.
Wie diese aufbrechen, brechen auch sie mit Löwen=
muth auf, sie springen auf, wie ein Löwe, aus
seinem Lager.

Naphthali hat ein mildes, fruchtbares Land,
er wohnt im Süden; das fruchtbare Galiläa ward
sein Besitz:

Da ward er Gottes Segens voll.

Assers Fett = und Leckerspeisen werden schon
in Jakobs Abschiedslied gerühmt, auch Moses ver=
heißt ihm Ueberfluß:

Er, der den Fuß in Oele taucht.

Seine Städte haben eiserne Schlösser, d. h. sie werden vor den Feinden gesichert und unüberwindlich seyn. Und je älter der Kanton wird, desto mehr nimmt er an Reichthum zu.

Die einzelnen Segenswünsche drängt der Dichter zuletzt in einen Segen über ganz Israel zusammen. Es muß seine Feinde vertreiben. Dann in dem eroberten Lande allein und sicher wohnen, weil Jehova selbst zu Felde zieht, und die Feinde vertreibt und vertilgt. Der Dichter ruft den alten Jakob aus dem Todtenreich hervor; indem er sich Jehovas Verheißungen erinnert, sieht er das Land, in dem er als Hirte umherzog, von seinen Nachkommen in Besitz:

> Das Auge Jakobs blickt
> Aufs Land voll Korn und Wein,
> Beträufelt von des Himmels Thau!

Der Ahnherr ist bei diesem Anblick entzückt, mit ihm der Dichter, froh ist der Ausruf:

> Beglücktes Israel!
> Wer ist dir gleich?

Mit der Majestät Jehovas hatte der heilige Sänger begonnen, ihn in seinem Glanz am Sinai's- und Pharans-Berge aufgeführt. Für den Totaleindruck schließt er auch mit seiner Majestät das Segenslied:

> Wie der Gott Jischruas ist keiner mehr,
> Der in den Himmeln dir zur Hilfe fährt
> In seiner Pracht auf hohen Wolken!

III.

Jesaias Orakel.

Ueber die Israeliten.

Die Propheten der Hebräer waren nicht nur
die Weisen des Vaterlandes, die den Königen und
dem Volke in wichtigen Angelegenheiten Rath ga=
ben, sondern auch heilige Dichter, die, mit dem
hellen Auge ihres Geistes, in die Zukunft sahen.
Durften sie einem schwachen Staate, der von
schwachen Königen regiert, und von einem mäch=
tigen, eroberungssüchtigen Nachbar begränzt wurde,
nicht den Untergang vorher sagen? Jesaias sah
den nahen Sturz des Vaterlands vor seinem Blicke
schweben, und sprach folgende Ahnungen aus:

Wie ward sie doch zur Ehebrecherinn,
Die sonst so treue Stadt?
Von Recht erfüllt,
War sie der Wohnsitz der Gerechtigkeit!
Und nun — der Mörder!
Dein Silber ward zur Schlacken,
Dein Wein gemischt mit Wasser.
Deine Fürsten sind Bösewichter,
Sind Diebsgesellen,
Sie alle lieben das Geschenk
Und trachten nach Belohnung;
Sie helfen Waisen nicht zu Recht!
Der Wittwen Sache kommt nicht vor sie.

Drum spricht der Herr "Jehova Zebaoth,
Israels Held:
" Ha, kühlen will ich meinen Muth
" An meinen Widersachern,
" Will Rach' an meinen Feinden "üben.
" Ich will dich wieder nehmen in meine Hand,
" Und läutern dich auf's reinste
" Von deinen Schlacken,
" Dich reinigen von deinem Zusatz all.
" Ich will dir Richter geben wie vorhin
" Und Räthe, wie im Anfang.
" Nachher wird man dich nennen:
  " Die gerechte Stadt,
  " Die treue Stadt!"

" So wird Zion durch Recht befreit werden
" Und ihre Gefangene durch Gerechtigkeit.

" Unglück sey den Empörern
" Und Sündern mit einander;
" Die Jehova verließen, werden verzehrt!
" Dann schämt ihr euch der Terebinthen,
" Zu denen euch die Sehnsucht zog;
" Ueber jene Gärten werdet ihr erröthen,
" Da ihr euch erkohret!
" Ja ihr werdet seyn wie Terebinthen
" Mit verwelkten Blättern,
" Wie ein Garten, in dem kein Wasser ist.
" Es wird der Starke seyn wie Werg,
" Sein Thun, wie Feuerbrand,
" Verbrennen werden dann

” Auf einmal diese beide —

” Und nicht gelöschet werden!„   *)

Aus diesen Aussprüchen erlernen wir recht deut=
lich den Geist der hebräischen Drakel.   Die Pro=
pheten von Gerechtigkeit , Liebe , von Jehovas
Geist belebt , kennen kein höheres Streben , als
Tugenden unter ihrem Volke allgemein zu verbrei=
ten.   Jerusalem , und Zion, die Burg, stehen
für das israelitische Volk hier, wie oft.

Dieses Volk hatte sich , nach seiner theokrati=
schen Verfassung, mit Jehova vermählet.   Eine
eheliche Verbindung soll   treu gehalten werden;
darum versprachen sich beide Theile bei der Gesetz=
gebung am Sinai   wie dort bei der Gesetzeswie=
derholung von Moses und der feierlichen Erwählung
Jehovas , am nahen Lebensende Josua's , ewige
Treue.   Das Volk gelobte, Jehova einzig treu zu
verehren und Jehova, es ewig , mit Allmacht , be=
glückend zu beschützen.

Doch das Volk hatte von seinen Königen verführt,
andern Göttern gehuldigt.   Jerusalem, der Sitz
der Priester, die sonst so treue Stadt, war eine
E h e b r e c h e r i n n geworden.   Der Prophet
will sie beschämen, zur Reue, zur Sin=
nesänderung wecken; er hält ihr daher
alle ihre Verbrechen vor: Ihre Ungerechtig=

---

*) Jes. 1 , 21 — 31.

keit, Diebcrey, Rechtsverdrehung durch Bestechung, grausame Behandlung der Wittwen und Waisen, der Unbeschützten. In gleicher Absicht führt er Jehova redend ein. Dieser ist von seinem untreuen Volke beleidigt worden; er will sich rächen, denn beleidigte Liebe führt zur Rache. Er nimmt eine Läuterung mit den Israeliten vor, er sondert die ihm treu gebliebenen von den Abtrünnigen. Wie bezeigt er sich den Guten? Er stellt sich an ihre Spitze; gibt ihnen neue bessere Führer, und sucht sie durch Recht und Gerechtigkeit wieder zu ihrem vorigen Ruhm zu erheben. Jerusalem ist, nach wieder erhaltener Verfassung, von neuem:

> Die gerechte Stadt,
> Die treue Stadt!

Der sich von Jehovas Majestät, ihm einzig die Opfer gebracht!

Die von Jehova abfielen, sind Empörer, und erwarten ihre sichere Strafe. Beim Herannahen und Fühlen derselben, schämen sie sich zuerst ihrer, der geheiligten Statuen geschenkten, Huldigung. Dort standen sie in reitzenden Gärten, unter alten, dunklen Terebinthen. Nun sollen sie, die Jehovas Verbrecher, zur Strafe vergehen, wie Gärten verwelken, welchen das Wasser gebricht; sie gleichen den Terebinthen mit verwelkten Blättern. Eine gänzliche Vernichtung droht ihnen. Dies will das Bild sagen: auch der Stärkste von ihnen ist wie Werg, ihre Thaten sind der Feuerbrand; die=

ſer gibt die Funken zum Anzünden ; das Feuer
bricht aus , ſie kommen rettungslos um.

So erhebt dieſes Orakel zuerſt die Liebe Jeho=
vas , das treue Verhältniß, das zwiſchen ihm
und ſeinem Volke beſtand ; auf Untreue folgen
Vorwürfe, ſchmerzliche Ergiesungen. Ein von
ſeinem Volke beleidigter König wird dieſes nicht
ganz vernichten, ſondern nur denjenigen Theil deſ=
ſelben, welchen er, nach einer vorgenommenen
Unterſuchung, ſtrafbar fand. Wollte er alle ſeine
Unterthanen vertreiben, zerſtören: ſo würde er auf=
hören, König zu ſeyn. So auch Jehova ;
ohne Iſraeliten wäre er nicht Jehova geweſen.
Ihm gehören ſie, als ſein Lieblingsvolk, an.
Der beſſere Theil von ihnen wird erhalten, durch
gut geſinnte Männer gebildet und durch treue
Rechtspflege beglückt. Der Beſſerungs unfähige
Theil der Iſraeliten will Jehova lieber gänzlich
vernichten, als ihn zu Anderer Verführung am
Leben laſſen. Die Propheten denken richtig: kann
der Menſch nicht durch Wohlthaten zum Guten
geführt werden, ſo wird er doch vielleicht durch
Strafen vom Böſen abgehalten !

2.

Ueber Babylon.

Die hebräischen Propheten richteten ihren Seherblick nicht blos auf ihr Vaterland, sondern auch
auf andere, besonders benachbarte Staaten. Die
Juden waren von Ihren Besiegern, den Baby-
loniern, in deren Provinzen verpflanzt worden,
wo sie den Verlust ihrer Freiheit betrauerten. Es
hatten daher die Propheten Jehovas Veranlassung
genug, über Babylon ein Orakel auszusprechen.

Wie Stürme brausen von Mittag,
So kommt es von der Wüste,
Heraus dem fürchterlichen Land.
Ein hart Gesicht ward mir gezeigt:

Treulos handelt der Treulose fort,
Es verwüstet fort der Verwüster!
Zeuch herauf o Elam!
Belagere du o Madai!
Allem mach' ein Ende!

Drum sind voll meine Lenden von Schmerz
Wehen haben mich überfallen,
Wie Wehen der Gebährenden.
Beim Hören krümm' ich mich,
Beim Sehen erschreck' ich.
Mir zittert das Herz,
Mich durchbebet der Schmerz;
Der Abend der Lust wird mir zum Schrecken!

Man bereitet zum Tisch —
O, stellet Wachen aus!
Man ißt und trinkt —
Steht auf, Fürsten, salbet den Schild!
   Spricht doch der Herr also zu mir:

      Geh, bestell' einen Wächter,
      Der schaue und verkünde!

   Und er sah Wagen mit Pferden bespannt,
Reuter auf Eseln,
Reuter auf Kameelen,
Und horchte, was er horchend horchen konnte.
Er rief wie ein Löwe auf der Warte:

      Herr, tretend trat ich des Tags
      Auf meinen Wächterposten,
      Ich stand die ganze Nacht.
      Da kamen Wagen mit Mannschaft,
      Mit Pferdegespann,
      Begonnen und sprachen:

         Gefallen, Gefallen ist Babel!
         Alle Bilder ihrer Götter
         Liegen zerschlagen zu Boden!

   O, mein Gedroschenes, meiner Tenne Sohn!
Was ich von Jehova Zebaoth vernahm,
Dem Gotte Israels,
Verkünd' ich euch! *)

_____

*) Jes: 21, 1 — 10.

Ein vortrefliches Gedicht von überraschender Dik=
tion und Ausführung.   Die Bilder sind kühn,
aber gewählt, und die Farben, womit Handlung
und Erfolg ausgemalt sind, stark und ausdrucksvoll.

Zuerst sieht der Prophet aus der Ferne, das
sich furchtbar aufthürmende Ungewitter, um über
Babylon loszubrechen.   Es kam aus dem fürch=
terlichen Lande Persien und Medien.   Der
Prophet ist in die Ferne begeistert, ihm hat sich
die Zukunft enthüllt, Jehova spricht zu ihm:
Der treulose Babylonier, der Jehovas Wohnsitz,
Jerusalem, zerstörte, hört nicht auf treulos, grau=
sam zu handeln, die Judäer von ihrem Vaterlan=
de zurückzuhalten.   Daher ergeht nun der Befehl
an Elam, das ist, Persien und an Madai,
Medien, Babylon zu belagern.   Die Sieger aus
diesen kriegerischen Reichen werden den Klagen
der bedrückten Judäer bald ein Ende machen.
Vermuthlich waren Cyrus Heere schon im An=
marsch, als der Dichter seine hohen Aussprüche
niederschrieb.

Auf einmal führet der Prophet Babylon uner=
wartet redend ein.   Die empfindlichsten Schmer=
zen hat diese Stadt, bei der Androhung des ihr
bevorstehenden Sturzes, ergriffen.   Noch schwelgte
der König mit seinen lüsternen Schmeichlern an
jedem Abend — aber bald wird sich seine Lust
in Schrecken verwandeln.   O, stellte man doch
Wachen aus — erhöbe sich doch der König mit
seinen Magnaten, salbete er seinen Schild, griff
er zu den Waffen!

Der Prophet sieht bei solchem zerrütteten Zustande Babylons dessen Untergang unvermeidlich voraus. Aber in der Diktion stellt er, auf Jehovas Befehl, einen Sclaven als Wächter aus, der ihm den Erfolg von der Belagerung der größesten und berühmtesten Stadt schnell verkündigen soll. Dieser sah zuerst die anrückende, siegende Armee, und von einigen Reutern derselben erhielt er selbst die Nachricht, daß Babylon gefallen sey. Mit ihrem Sturz wurden zugleich ihre Schutzgötter in den schönsten Formen zertrümmert. So suchten sich Sieger einer eroberten Stadt zu versichern.

Und warum, wozu wurde Babylon von Persern und Mediern eingenommen? Um die weggeführten Juden zu rächen, und sie wieder in ihr verlassenes Vaterland zu bringen. Dies sagt zuletzt der Prophet in der kurzen kraftvollen Anrede an die Juden: O, mein Gedroschenes, meiner Tenne Sohn! Sie waren gedroschen, gedrückt worden, wie Getraide, das auf auf der Tenne ausgetreten oder ausgeschlagen wird. Auch war es nach dem grausamen orientalischen Kriegsrecht nicht ungewöhnlich, besiegte Feinde unter die Dreschwagen zu bringen und zu Tode zu martern. S. Rich. 8, 7. 16. 2. Kön. 8, 12.

Nicht eigene Vermuthungen und Einfälle will der Prophet seinem Volke verkündigen, sondern Aussprüche Jehovas. So beziehen Priester und Propheten ihre wahrsten und schönsten Gedanken auf GOtt.

3.

Ueber Tyrus.

Heulet ihr Schiffe von Tharsis,
Euch ist des Vaterlands Hafen zerstört!
Aus der Chittäer Lande
Wird es euch kund!
Verstummet ihr Küste Bewohner,
Die Kaufmannschaft von Sidon,
Die auf dem Meere schwimmt,
Füllete dich!
Von großen Wassern brachte man
Zu dir des Sichors Saat,
Des Nilstroms Aerndte;
Markt warest du den Völkern!

Erröthe Sidon! Denn so spricht das Meer,
Des Meeres Vestung spricht's!
Ich war nicht schwanger,
Geboren hab' ich nie,
Nicht Jünglinge erzogen,
Nicht Töchter in die Höhe gebracht.

Wie vor dem Gerichte von Aegypten
So wird man erzittern
Vor dem Gerichte von Tyrus!

Segelt nach Tharsis!
Weinet ihr Küsten Bewohner!

Ist das eure frohe Stadt?
Berühmt schon in der frühsten Zeit?
Die nun ihre Füße tragen,
In die Ferne auszuwandern?

   Wer hat dies beschlossen über Tyrus,
Die Kronenspenderin?
In welcher Fürsten gleich, der Kaufmann,
Der Handelnde ein Erdengroßer war?

   Jehova Zebaoth hat es beschlossen,
Zu stürzen aller Stolzen Pracht,
Die Erdengroßen zu vernichten!

   Zieh, wie ein Strom, aus deinem Lande,
Tharsis Tochter!
Dir ist kein Gürtel mehr!

   Aufs Meer streckt Er den Arm
Und Königreiche beben.
Jehova gebietet über Kanaan,
Ihre Vesten zu zerstören.
Er spricht: Du sollst nicht jauchzen mehr
Geschändete Jungfrau,
Sidons Tochter,
Auf segle hin zu den Chittäern —
Doch dort ist auch für dich nicht Ruhe!

   Sieh: der Chaldäer Land —
Sie waren's nicht das Volk,
Als einst Assyrien ihr Land
Für Wüstenwohner gründete!

                 Aufrichten

Aufrichten sie nun ihre Thürme,
Sie stürmen los auf die Palläste
Und bringen sie zum Fall!

Heulet ihr Schiffe von Tharsis!
Denn eure Burg ist zerstört!

Geschehen wird's za dieser Zeit,
Daß Tyrus man vergißt auf sieb'zig Jahr,
Des ersten Königs Tagen gleich.
Doch nach den siebenzig Jahren,
Wird es um Tyrus stehen,
Wie's in dem Buhlerliede heißt:

    Ergreife die Cyther,
    Gehe die Stadt umher,
    Vergeßne Hure!
    Spiele du schön,
    Singe recht viel,
    Dein wieder zu denken!

Geschehen wird's nach siebenzig Jahren:
Daß Jehova auf Tyrus wieder blicket.
Dann wird sie wiederkehren
Zu ihrem Buhlerlohn
Und wieder buhlen mit allen Erden-Reichen
Auf der ganzen Welt.
Doch ihm Jehova ist heilig ihr Gewinn,
Ihr Buhlerlohn —
Nicht vorenthalten,
Nicht geizig hingelegt.
Denn die vor Jehova wohnen,

Empfangen vom Gewinn,
Zur Sättigung zu essen
Und prächtig sich zu kleiden!   *)

Ein originelles Gedicht, das dem vorhergehen=
den, über Babylon ausgesprochen, an die Seite
gesetzt zu werden verdient.   Der Prophet hatte es
in dem kühnsten Flug der Phantasie gedichtet.
Gedanken und Bilder begegnen sich, öfters uner=
wartet, doch desto anziehender.   Innere Haltung
ist in dem Gedicht unverkennbar; Präcision und
Geschmack blicken aus dem Ganzen hervor.

Nach der Eroberung Jerusalems durch Nebu=
kadnezar, gieng dieser babylonische Weltbe=
zwinger auf Tyrus los.   Dreizehn Jahre lang
belagerte er diese veste Seestadt, und der Prophet
konnte ihren nahen Fall voraus sehen.

Die Tyrier trieben einen großen Seehandel
nach Tharsis, d. i. nach Spanien.   Der Dich=
ter denkt sich daher die spanische Handelsflotte
der Tyrier eben an der tartessischen Küste ange=
landet, als Nebukadnezar Tyrus einnahm.   Jetzt
können die Schiffe nicht mehr zurückkehren, der
vaterländische Hafen ist zerstört.   Aus
der Mutterstadt selbst konnten sie nicht sogleich
die traurige Nachricht von ihrer Zerstörung ver=
nehmen, die Entfernung war zu weit, wohl aber

---

*) Jes. 23.

geschwinder der **Chittäer** Lande, von **griechischen** Schiffen.

Der Dichter seufzt nun über Tyrus, aber scha=
denfroh. Nachdem Jerusalem fiel, kann auch
das benachbarte Tyrus fallen. Der Unglückliche
findet in dem Unglück Anderer noch Trost. Die
Küsten = Bewohner dürfen jetzt nicht mehr, wegen
ihres Reichthums, prahlen und ihres Glückes
jauchzen. Die Schiffe der Sidonier bringen keine
Waaren, keine Schätze mehr. Die Zufuhr des
Getraides aus Aegypten, der **Markt**, der Han=
del in Tyrus hört auf.

Sidon soll über den Fall seiner Kolonien
erröthen, sich schämen. Sidon ist die Mutter,
das Stammhaus der Phönicier. **Tyrus war,**
in der Sprache der alten Welt zu reden, ein
Sohn, d. i. eine Kolonie, und die Stadt eine
Tochter von Sidon, und übertraf, an Macht und
Reichthum, die Mutter. Sie hatte wieder viele
Söhne, erzeugt, weit und breit Kolonien ange=
legt. Der Dichter will sagen, Tyrus wird so
zerstört werden, als wäre es nie vorhanden ge=
wesen und hätte nirgens Kolonien gepflanzt.

Eher, als Tyrus, stürzte Aegypten durch San=
herib. Dieser Sturz war um so unerwarteter,
und, allen benachbarten Völkern, um so erschre=
kender, als Aegypten, durch Macht und Stolz,
sehr berühmt war. Eben so unerwartet und er=
schreckend wird, den angränzenden Nationen, der

Sturz von Tyrus seyn, da sie, von dem siegen=
den Feinde, nur Verschlingung zu fürchten haben.

Wohin werden die überwundenen Tyrier flie=
hen? Nach Tharsis, Spanien, wohin ihr
größter Handel gieng. Aber, wie werden sie von
den Küsten = Bewohnern empfangen werden? Mit
Weinen; die Mutterstadt ist nicht mehr. Jetzt
müssen ihre Bürger auswandern, ihren Reichthum
zurücklassen.

Von welcher höheren Macht war solches Un=
glück über Tyrus reiche Kaufleute beschlossen?
Von dem Schutzgott der Tyrier nicht, sondern
von Jehova, der die Pracht aller stolzen Herr=
scher zerstören will, nachdem ihm Jerusalem un=
tergegangen ist.

Abgebrochen sind: die Seufzer, die der Dichter
ausstößt und die er immer wieder auffaßt. Die
Tochter Tharsis, die Tochter des hohen Meers,
die nur durch und von der Schiffarth lebte, muß
jetzt fortziehen. Ihr ist kein Gürtel mehr, kein
Schmuck, keine Zier; denn die Morgenländer ver=
schwenden noch jetzt, an den Gürteln, alle Kunst
und Pracht.

Der Prophet kommt eben so geschwind wieder
auf den Urheber des tyrischen Wehes zurück. Ei=
ner streckt über das Meer den Arm aus, und
Königreiche leben, es ist Jehova, der Kanaan,
d. i. Phönizien mit seinen Kastellen zerstören will.

Bisher war Tyrus unbesiegt geblieben, jetzt ist
die Jungfrau geschändet, um Ehre und Glanz
gebracht. Mag sie sich bei den Chittäern, auf
den griechischen Inseln niederlassen, auch da ist
keine Ruhe, kein fester Wohnsitz für sie.

Merkt's doch, was vermögen nicht die Chal=
däer, was haben sie nicht gethan? Als ein un=
bedeutendes Volk wurden sie bald Herr in Assyrien,
wurden immer größer, eroberten Babylon und jetzt
Tyrus, nach einer langwierigen Belagerung.

Ob dieser letzten Zerstörung mag die, nach
Spanien handelnde Flotte heulen, sie kehrt nicht
nach der Heimath zurück; die feste Burg Tyrus
ist dahin.

Doch, nachdem die berühmteste Seestadt siebenn=
zig Jahre, d. h. lange Zeit in einer Schwäche
zugebracht hat, wie sie unter ihrem e r s t e n Kö=
nige war, wird sie sich, durch ihr Streben, wie=
der allmählig zu heben suchen. Sie wird auf alle
Weise, die Nationen zur neuen Anknüpfung der
alten Handelsverhältnisse, reizen. Und von diesen
Anlockungen gilt, will der Dichter sagen, was in
einem bekannten Volksliede von einer alten, reiz=
losen Buhlerin gesungen wird:

Ergreife die Cyther,
Gehe die Stadt umher,
Vergeßne Hure!
Spiele du schön,

Singe recht viel,
Dein wieder zu denken!

Die öffentlichen Buhlerinnen im Orient bedie=
nen sich des Gesangs und der Instrumentalmu=
sick, um Liebhaber zur Wollust zu reizen. Oef=
ters ziehen sie in Truppen herum, so daß die
jüngere, wollüstige Tänze tanzen und die ältern
dazu singen oder spielen. S. Pokokes Be=
schreibung von Aegypten K. 44.

Das rastlose Streben der wiederauflebenden
Tyrier, ihre vorige Schiffarth herzustellen, bleibt
nicht ohne Erfolg. Jehova sieht gnädig auf sie
herab. Sie buhlt, d. i. sie treibt wieder, mit
allen Völkern, Handlung, und erhält wieder
Buhlerlohn, wohl berechneten Handelsgewinn.
Und Jehova sucht Tyrus und seinen Handel zu
begünstigen, weil die Judäer, durch den Handel
mit Tyrus, ebenfalls gewinnen. Sind die In=
däer in Wohlstand, so genießen die Priester, die
vor Jehova wohnen, durch die reichlich ge=
brachte Opfer, zugleich mit von demselben: sie
leben in Ueberfluß. — Daß Tyrus durch Alexan=
der den Großen wieder zerstört werden würde, da=
von wird in dem Gedicht gar nichts bemerkt.

IV.

Jeremias Orakel.

1.

Ueber die Israeliten.

Jeremias trat, in den letzten Zeiten des Staats der Judäer, auf, als die Babylonier schon so manchem Reiche ein Ende gemacht hatten, und eben im Begriffe waren, das judäische gleichfalls zu verschlingen. Der Prophet sagt daher den Königen von Jerusalem ihren wahren Untergang voraus, aber diese wollen ihm nicht glauben; er will ihnen rathen, aber sie folgen den Anschlägen betrügerischer Staatsminister. Vernehmen wir ein Orakel, das Jeremias über die Zerstörung des Staats und die Wegführung der Judäer in das babylonische Exil aussprach:

Jehova sprach also zu mir:
Geh' und kaufe dir
Von Byssus einen Gürtel!
Leg' ihn um deine Lenden
Und bring' ihn nicht ins Wasser!

Da kauft' ich einen Gürtel
Nach dem Befehl Jehovas
Und legt' um meine Lenden ihn.

Drauf kam Jehovas Wort zu mir
Zum zweitenmal, er sprach:
Nimm den Gürtel, den du kauftest
Und der um deine Lenden ist —
Mache dich auf, geh' nach der Phrath
Und verbirg' ihn dort
In einem Felsenritze!

Da gieng ich und verbarg ihn
An dem Phrath,
So wie es mir Jehova
Befohlen hatte.

Nun geschah es,
Nach dem Ende vieler Tage,
Daß Jehova zu mir sprach:
Mache dich auf, geh' nach dem Phrath,
Und hole den Gürtel von dort,
Den ich dich hieß dort zu verbergen!

Da gieng ich nach dem Phrath, grub auf
Und nahm den Gürtel von dem Ort,
Wo ich ihn dort verborgen hatte.
Und siehe, der Gürtel war verdorben,
Daß er zu nichts mehr nütze war.

Darauf geschah Jehovas Wort zu mir,
Er sprach:
So spricht Jehova:
Gerade so will ich verderben
Den Stolz Jehudas,
Den großen Stolz Jerusalems.

Dies Volk, das sich hartnäckig weigert,
Zu hören meine Worte,
Nach seines Herzens Bosheit wandelt,
Nach andern Göttern geht,
Sie verehrt, anbetet —
Wie dieser Gürtel soll es werden,
Der zu nichts mehr nütze ist!
Denn wie ein Mann den Gürtel
Um seine Linden bindet,
Also hab' ich um mich gebunden
Das ganze Haus Israel
Das ganze Haus Jehuda. —
Spricht's Jehova —
Mein Volk zu seyn,
Mir zum Ruhme, Lob und Preiß;
Doch sie wollten nicht hören.
So sprich nun dieses Wort zu ihnen:
So spricht Jehova, Israels Gott:
Es werde jeder Schlauch mit Wein gefüllt!
Sie werden zu dir sprechen,
Wer sollte das nicht wissen,
Daß man jeden Schlauch mit Wein anfülle?
Nun sprich zu ihnen, so spricht Jehova:
Sieh' ich will füllen alle,
Die in diesem Lande wohnen,
Die Könige, die auf Davids Throne
Sitzen, die Priester und Propheten,
Und alle Bewohner Jerusalems,
Daß sie sollen trunken werden.
Ich will zerstreuen dann
Den Mann von seinem Bruder,
Die Väter sammt den Kindern,

Spricht's Jehova,
Ich will nicht schonen,
Will nicht vergeben,
Nicht barmherzig seyn
Bei ihrem Verderben!

So höret nun und merket auf
Und trotzet nicht, denn Jehova sprachs.
Gebt Jehova, eurem Gott, die Ehre,
Ehe es finster wird
Und ehe eure Füße sich stoßen
An bedämmerte Berge;
Ihr wartet auf's Licht:
Er aber wandelt's in Dunkel,
Macht's zur Stockfinsterniß.
Doch wollt ihr nicht hören,
So wird mein Geist weinen,
Im Verborgenen, ob solcher Hoffarth,
Thränend thränen,
Die Augen in Thränen zerfliesen,
Daß weggeführt wird Jehovas Heerde.

Saget dem König und der Regentinn:
Erniedriget euch, setzt euch herunter,
Denn es fällt von euren Häuptern
Die Krone eurer Herrlichkeit!
Die Städte gegen Mittag sind verschlossen
Und niemand öffnet sie,
Ganz Juda ist gefangen weggeführt,
Im ganzen weggeführt!

Hebt eure Augen auf und sehet,
Wie sie von Mitternacht herkommen!
Wo ist nun die Heerde,
Die dir übergeben war,
Deine prächtige Heerde?
Was wirst du sprechen,
Wenn die dich niederdrücken,
Die du zu deinen ersten Freunden
Dir gewöhntest?
Werden dich nicht Wehen überfallen,
Wie ein gebährendes Weib?

Und wenn du in deinem Herzen sprächest:
Warum begegnet mir doch dieß?
Um deiner Missethaten Menge willen
Sind dir deine Säume aufgedeckt
Und entblößet deine Schenkel!
Kann auch ein Mohr verwandeln seine Haut?
Ein Parder seine Flecken?
Könnt ihr nun Gutes thun,
Da ihr gewohnt seyd des Bösen?
Drum will ich, wie Spreu zerstreuen,
Die der Wind zur Wüste führt.
Dies sey dein Loos,
Das Theil, von mir dir zugemessen,
Spricht's Jehova, denn du vergaßest mich,
Verliesest dich auf Trug.
So will ich deine Säume nur aufheben,
Bis in dein Angesicht,
Daß man deine Scham erblicken soll.
Denn deine Ehebrecherei
Hab ich gesehen, dein Wiehern,

Deine freche Hurerei, deine Greuel.
Auf den Hügeln, in dem Felde,
Wehe dir, Jerusalem!
Wilst du denn nicht endlich einmal rein werden? *)

Jeremias beginnt sein Orakel, mit dem Befehle Jehovas, sich einen Gürtel anzulegen, sich reisefertig zu machen, nach dem Euphrath zu gehen, und dort in einer Felsenritze den Gürtel zu verbergen. Er thats. Nach mehreren Jahren soll er den Gürtel wieder holen und er fand ihn vermodert. Der Euphrath tritt jährlich zweimal sehr stark aus, und überschwemmte auch die Stelle, wo der Prophet seinen Gürtel versteckt hatte, der nun naß wurde und vermoderte. Hier soll der Euphrath in den babylonischen Staaten ein Bild der Chaldäer seyn. Diese werden in das Reich Juda einfallen, und gleich dem übertretenden Strome alles verwüsten. So bahnt sich der Prophet durch Symbole den Weg zum Herzen seiner Landsleute.

Jehova hatte sich mit den Judäern aufs innigste verbunden, gleich dem Manne, der einen Gürtel um sich legt; sie sollten ihn verherrlichen, aber, treulos, folgten sie seinem Worte, seinen Vorschriften nicht. Dafür sollen sie gezüchtiget werden, ihre Strafe ist: völlige Zerstreuung!

) Jer. 13.

Der Prophet jammert bei der Verkündigung
dieser harten Strafe; er fleht sein Volk um Bes=
serung an, ehe es finster wird, ehe das Unglück
hereinbricht. Das Wandeln in Finsterniß ist ein,
den hebräischen Dichtern, sehr gewöhnliches Bild
des Unglücks. Hier sezt Jeremias bedämmerte
Berge hin, an welche die Judäer sich stoßen,
ihren Untergang finden würden. Vergebens war=
ten sie auf Licht, Befreiung, Glück, es wird
immer dunkler, Jehova führt ihr gänzliches Elend
herbei. Der Prophet wünscht ihr Sinnesänderung.
Wollen sie nicht hören, so wird er im Verborge=
nen, ob ihrer Hoffarth und Verstocktheit, wei=
nen, in Thränen zerfließen.

Noch einmal redet er den König Jojachin und
seine Mutter, Nehusia, die Regentinn an: — die
Krone fällt von euren Häuptern, die mittäglichen
Städte werden belagert, ganz Judäa wird gefan=
gen weggeführt. Wo ist nun die Heerde, das
Volk, das dir anvertraut wurde? Mit den Chal=
däern suchtest du Freundschaft und jetzt drücken sie
dich nieder? Wie schmerzhaft! Und sprächest du:
warum geschieht mir dieß? So wird dir die Ant=
wort: um deiner Verbrechen willen wirst du al=
ler Schande bloß gestellt. Füße und Schaamtheile
sind dem Morgenländer billig heilig, sie ihm ent=
blößen, heißt ihn aufs höchste beschimpfen.

Der Prophet möchte die Judäer gebessert sehen;
aber wie wenig Hoffnung hat er dazu? Sie
sind des Bösen gewohnt. Kann ein Mohr,

nach Belieben, seine schwarze Farbe in die weiße verwandeln?

Da Besserung für sie, so gut wie unmöglich ist: so ist Zerstreuung ihr sicheres Loos, Verachtung und Zernichtung ihr gewisses Theil. Sie verließen Jehova, wurden ihm untreu; nach geheiligten Statuen anderer Völker wieherten sie, diesen brachten sie ihr Herz.

Der Dichter schließt mit ächzender Stimme: Wehe dir Jerusalem! Ist's nicht möglich, daß du einmal von dem Bösen rein würdest — Jehova dich ganz ergäbest?

Innigen Antheil nimmt der heilige Seher an dem Schicksal seines Volks. Er möchte helfen, darum spricht er im Namen Jehovas, warnt, bittet, seufzet, weint, klaget. Düstre Bilder von Weh und Unglück haben seine Seele erfüllt, selten berührt ihn ein Stral der Freude und Hoffnung. Seine Mahlerei ist lebendig, leicht und voll sanft fließender Bilder.

2.

Ueber die Philiſtäer.

So ſpricht Jehova:
Sieh' von Mitternacht her fließen Waſſer,
Und werden zum reiſſenden Strom;
Sie überſchwemmen das Land
Und was darinnen iſt,
Die Städte und die darinn wohnen,
Daß ſchreien die Menſchen.
Heulen werden alle Bewohner der Erde
Vor dem Klappern der Hüfe ſeiner Hengſte,
Vor dem Raſſeln ſeiner Wagen
Und ſeiner Räder Gelärm.
Da ſehen ſich Väter nicht um
Nach den Kindern,
So muthlos, verzaget ſind ſie,
Am Tage der kommt,
Zu richten alle Philiſter,
Zu zerſtreuen Tyrus und Sidon,
Mit ihren anderen Gehilfen.
Denn vernichten will Jehova
Die Philiſter, die Reſte
Von der Inſel Caphthor.
Es ſoll bekommen Gaza eine Glatze
Und Askalon zerſtört werden
Mit den übrigen im Thale.
Wie lange wirſt du dich zerſetzen?

O du Schwerdt Jehovas,
Bis wie lange willst du nicht ruhen?
Kehre in deine Scheide zurück,
Ruhe du, sey stille!
Doch wie kannst du ruhen?
Jehova gab ihm Befehl
Wider Askalon und die Anfuhrt am Meer!
Dorthin hat er's bestimmt! *)

Die Chaldäer, waren, zu Jeremias Zeit, das
Volk, das sich alle benachbarte Völker zu unter=
werfen strebte. Der Dichter vergleicht ihre unauf=
haltsame Macht sehr treffend mit einem reissenden
Strom, der das Land weit und breit überschwemmt.
Jeremias nennt das Volk nicht mit seinem Namen;
er sagt nur, es kommt von Mitternacht, dieß
war aber schon genug, um die Chaldäer zu bezeich=
nen. Indem er von der Furchtbarkeit der Reu=
ter und Streitwagen des Eroberers spricht, führt
er ihn auch nicht namentlich an; man kannte
ihn schon, wenn man von dem Klappern der Hufe
seiner Hengste, von dem Rasseln seiner Wagen
und seiner Räder Gelärm sprach. Bei dem
Andringen dieser furchtbaren Feinde geräth die
ganze philistäische Nation in Schrecken und
Muthlosigkeit.

Die Philistäer standen mit den Phöniciern in
Bündniß; beide gehen unter, und auch die Hilfs=

—————

*) Kap. 47.

völker,

völker, die mit ihren gegen die Chaldäer fochten.
Von der Insel Caphthor, d. i. Cypern, stamm=
ten die Philistäer ab. Gaza, eine ihrer Haupt=
städte, bekommt eine Glatze, wird aus einer
festen Stadt ein kahler Platz; eben so wird auch
Askalon mit den übrigen im Thale liegenden
Städte zerstört. Das Land der Philistäer lag tief,
am Meer, und führt daher hier den Namen
Thal.

Der Morgenländer, der von Feuer glüht,
schweift in der Freude, wie in der Traurigkeit
aus. Im Gefühl des höchsten Schmerzes wälzt
er sich auf der Erde, rauft sich die Haare aus,
und zersetzt sich mit Messern. Deswegen sagt
hier der Dichter von dem über sein Unglück trau=
ernden Philistäer: Wie lange wirst du dich
zersetzen?

Und von wem kam das, die Philistäer morden=
de, Schwerdt? Von Dagon, dem Schutzgott
der Philistäer nicht, sondern von Jehova, der sich
in dem Untergang seines Volks zu rächen sucht.
Darf das Schwerdt Jehovas nicht in die Scheide
zurückkehren? Nein! Es muß Askalon, die Mee=
resküste verwüsten. So hat es Jehova beschlossen.
Für die Philistäer ist keine Rettung zu hoffen.

3.

Ueber die Edomiter.

So spricht Jehova Zebaoth:
Ist denn keine Weisheit mehr zu Theman?
Ist der Rath von den Klugen gewichen?
Und ihre Weisheit verschwunden?

Fliehet, wendet um,
Verkriechet in Höhlen,
Ihr Bewohner von Dedan!
Denn über Esau bring' ich ein Unglück,
Die Zeit seiner Ahndung.

Wenn Weinleser zu dir kämen,
Ließen sie nicht eine Nachlese
Dir noch übrig?
Und Diebe in der Nacht:
Sie raubten, so viel ihnen genug ist!

Entblößen will ich Esau,
Auch sein Verborgenes enthüllen,
Wer sich verbergen will, wird es nicht können.
Es wird zerstöret sein Geschlecht,
Und seine Brüder und seine Nachbarn
Und werden nicht mehr seyn.

Verlasse deine Waisen:
Ich will sie am Leben erhalten.
Und deine Wittwen mögen mir vertrauen!

Denn so spricht Jehova:
Siehe, die es nicht verschuldeten,
Den Kelch zu trinken, müssen trinken,
Und du solltest ungestraft bleiben?
Du sollst nicht ungestraft bleiben,
Trinken, trinken mußt du!

Denn bei mir selbst hab' ichs geschworen,
Spricht Jehova: Zur Wüste und zur Schmach,
Zur Einöd' und zum Fluch
Soll Bazra werden —
Und alle ihre Städte
Zur ewigen Einöd' werden.

Höhrend hab' ich es gehöret
Von Jehova: ein Bote ist geschicket
Zu den Völkern, sie sollen sammlen sich
Und kommen wider sie,
Zum Krieg aufbrechen!

Denn sieh', unter den Völkern
Mach' ich dich klein,
Verachtet dich unter den Menschen!

Es hat dein Götze dich betrogen
Deines Herzens Stolz,
Da du in Felsenklüften wohnest,
Der Hügel Höhe inne hast.
Trügst du, dem Adler gleich, dein Nest so hoch,
So will ich ich dennoch dich herunterstürzen
Von dort! spricht Jehova.

8 *

Also wird Edom wüste werden,
Daß alle, die vorübergehen,
Sich wundern werden, zischen
Ueber jede ihrer Plage,
Wie das zerstörte Sodom und Gomora
Mit ihrer Nachbarschaft, spricht Jehova;
Es wird kein Mensch dort wohnen,
Kein Menschenkind sich dort aufhalten.

Sieh', wie ein Löwe kommt er herauf
Vom stolzen Jordan her,
Der ersten Hürd' entgegen.
Denn ich will ihn antreiben,
Anreizen zum Lauf wider sie;
Und wer kennt den Jüngling,
Den ich wider sie erwählte?
Wer ist mir gleich?
Wer will mit mir rechten?
Wer ist der Hirte, der mir widerstehet?

So höret nun den Rath Jehovas,
Den er über Edom gefaßt
Und seine Gedanken, die er entworfen
Ueber Themanns Bewohner.
Was gilts, ob auf die Geringsten der Heerde
Sie wegschleppen werden —
Und mit ihnen ihre Wohnungen zerstören?
Vom Krachen ihres Falls schüttert die Erde,
Ihr Geschrei hört man am schilf'gen Meer ertönen!

Sieh', wie ein Adler erhebt er sich, fleugt er
Und breitet seine Flügel aus

Ueber Bayra; zu dieser Zeit wird seyn
Das Herz der Helden in Edom
Wie das Herz der Frau in Kindsnöthen! *)

Die Edomiter waren den Hebräern von den
ältesten Zeiten her gefährliche Nachbarn gewesen,
ob sie gleich, von Israel, eine gemeinschaftliche
Abkunft hatten.   Sie waren ein tapfres, kriege=
risches Volk,   und neckten unaufhörlich an diesen
ihren Halbbrüdern. Schon verboten sie ihnen, mit
Gewalt, den Durchzug durch ihr Gebiet, als sie
unter Moses nach Kanaan zogen. 4. Mos 20,
14. 21. Zwar eroberte David ihr Land, und
der minderjährige edomitische König Hadad muß=
te mit einem Theil seiner Macht nach Aegypten
entfliehen 2. Sam. 8, 13. 1. Kön. 11, 17 — 19.
Aber schon unter Salomo machte er Einfälle in
den hebräischen Staat, besonders in dessen letzten
Regierungsjahren.   Unter Joram schüttelten die
Edomiter das israelitische Joch ab, und setzten sich
aus ihrer Mitte einen König.   Von dieser Zeit
an bildeten sie einen eigenen Staat, und wurden
den Hebräern, obgleich von diesen mehrmals be=
kriegt, nie wieder tributär.   Wo sie sich an die=
sen rächen konnten,   thaten sie es immer mit Lust.
Als Nebukadnezar den judäischen Staat zerstörte,
stießen sie selbst die flüchtigen Judäer nieder.

---

*) Jer. 49, 7 — 22.

Ein Volk, wie das edomitische, das den He=
bräern immer die Fackel des Kriegs anzündete und
Schaden zufügte, konnte von einem Propheten
Jehovas nicht gedacht werden, ohne ihm Krieg
mit auswärtigen Mächten, Elend und Vernich=
tung anzuwünschen. Daher spricht auch Jeremias
ein drohendes Orakel wider daselbe aus.

Schon in den ältesten Zeiten war Theman,
eine der vorzüglichsten Städte in Edom, wegen
seiner vielen klugen und einsichtsvollen Bürger,
berühmt. Eliphas, ein arabischer Philosoph
und Freund Hiobs, gehörte Theman an. Der
Prophet benutzt die gerühmte Weisheit der Edo=
miter zum Spott, der Rath ist von den
Klugen gewichen, sie werden sich beim An=
bringen eines mächtigen feindlichen Heers' nicht zu
rathen wissen.

Die Stadt Dedan lag an der edomitischen
Gränze. Ihre Bewohner sollen fliehen, sich in
Felsenhöhlen verkriechen, denn von Edomiten kön=
nen sie nicht beschützt werden. Ein hartes Straf=
gericht bricht über die Esauiten ein. Weinbeerdie=
be würden einen Weinberg nicht ganz ausleeren;
aber die Edomiten werden von ihren Ueberwindern
ganz ausgeplündert werden; ihnen wird sogar ge=
nommen, was sie tief verbargen.

Doch droht der Seher den Edomitern nicht
gänzliche persönliche Vernichtung, das er nicht

wohl konnte; sie gehörten den unzählbaren arabi=
schen Volksstämmen an, sondern nur bürgerliche
Vernichtung, Beraubung ihrer Güter. Die ver=
lassenen Waisen werden am Leben erhalten und
auch die Wittwen.

Die alte Welt gibt Gott einen Schicksals=
Becher einen des Glücks und einen des Unglücks.
GOtt reicht diesen den Menschen zum Trinken,
wenn ihnen Glück oder Unglück zu Theil werden
soll. Diese Vorstellung ist so allgemein, daß es
oft, wie hier, nur heißt, du sollst trinken
und der Kelch ganz ausgelassen wird. Auch die
Griechen haben dieses Bild, Homers Iliade Ges.
24, 525 — 533.

Also bestimmten die Götter der elenden Sterbli=
chen Schicksal,
Bang in Gram zu leben; allein sie selber
sind sorglos.
Denn es stehen zwei Fässer gestellt an der
Schwelle Kronions
Voll das eine voll Gaben des Wehs, das an=
dere des Heiles.
Wem nun vermischt austheilet der schadenfrohe
Kronion,
Solcher trift abwechselnd ein böses Loos, und
ein Gutes.
Wem er aber des Wehs austheilt, den verstößt
er in Schande;

Und herznagende Noth auf der heiligen Erde
verfolgt ihn ;
Daß, nicht Göttern geehrt, noch Sterblichen,
bang' er umherirrt. *)

Die Edomiter trinken aus dem Becher des Unglücks und Bazra, ihre Hauptstadt geht mit dem
ganzen Lande zu Grunde.

Jehova selbst ist es, der den Krieg gegen die
Edomiten, seine Feinde, anspann. Die Chaldäer
sind die Ausführer seines Willens. Durch Boten
läßt er den Krieg. im Land bekannt machen, und
die Mannschaft versammelt sich. Edom wird klein
gemacht.

Vergebens verlassen sich die Esauiten auf ihren
Götzen, Koze, auf ihre hohen Felsen; keine Ver-
theidigung hilft ihnen, sie werden heruntergestürzt.
Edom vergeht wie Sodom und Gomorra, uralte
Schreckensbilder der Verwüstung.

Wie ein Löwe, so muthig und stark, kommt
der Eroberer vom Jordan her. Der Dichter nennt
ihn nicht namentlich, er war schon allgemein bekannt — Nebukadnezar. Diesem Helden
waren die edomitischen Festungen nur befestigte
Gärten; sie werden geschwind erobert. Diesem

---

*) Nach Voß neuester Uebersetzung.

jungen, aber tapfern Manne kann kein Hirte der Völker, d. i. kein König widerstehen?

Noch einmal wiederholt Jeremias, ohne Hülle, den Entschluß Jehovas über die Edomiter, daß sie besiegt, in das Land des Siegers geführt werden würden. Das Gerücht hiervon werde bis ans rothe Meer erschallen. Schon kommt der Adler geflogen; Nebukadnezar eilt auf Bazra zu; und den Helden von Edom ist der Muth entschwunden.

V.

Ezechiels Orakel.

1.

Ueber die falschen Propheten und Prophetinnen.

Ezechiel war aus dem priesterlichen Geschlech=
te. Er konnte aber die Tage seines blühenden
Alters nicht, in Judea seinem Vaterlande, zubrin=
gen, sondern mußte sie, in dem babylonischen Exi=
le, vertrauern; denn er lebte unter der unglückli=
chen Regierung des judäischen Königs Jechonia.
Inzwischen benutzte er diese Tage, um seine Mit=
exulanten vor aufrührischen Bewegungen gegen die
Babylonier zu warnen, und zu der treuen Erfül=
lung der Gesetze Jehovas zu ermuntern. In der
Gegenwart gedacht und gehandelt, konnte er das
Zukünftige ahnen und vorher sagen. Er sprach
wie Jesaias, Jeremias und die andern Volkswei=
sen von der gänzlichen Zerstörung des judäischen
Staats, und griff die falschen Rathgeber, die
Schmeichler der Könige, die das Vaterland ins
Verderben gestürzt, ohne alle Schonung an. Ver=
nehmen wir zuerst ein, gegen diese gerichtetes
Orakel von ihm:

Es geschah Jehovas Wort zu mir, es hieß:
Weissage wider Israels Weissager,
Die da weissagen o — sprich zu denen,
Die nach ihrem Herzen weissagen.
Höret Jehovas Wort:
So spricht der Herr:
Wehe den thörigten Propheten,
Die ihrem eigenen Geiste folgen
Und sahen doch nichts.
Gleich Schakalen in der Wüste,
Sind deine Propheten, o Israel.
Ihr tretet nicht vor den Riß,
Ihr umzäunet nicht mit einem Zaum
Jehovas Hauß, zu stehen im Streit
Am Tag Jehovas!
Sie sehen ein Nichts,
Ihr Weissagen ist Lüge,
Sie sagen: Jehova sprachs,
Und Jehova hat sie nicht gesandt;
Und doch hoffen sie, ihr Wort werde erfüllt.
Sehet ihr nicht falsche Gesichte,
Und sprechet Lügenprophezeiung aus?
Ihr sagt, Jehova sprach's
Und ich hab' es nicht geredet!
Drum spricht also der Herr Jehova:
Weil ihr ein Nichts vertraget
Und Lügenprophezeiung,
Seht, so bin ich wider euch,
Spricht der Herr Jehova.
So komme nun wider die Propheten
Meine Hand, die ein Nichts vortragen

Und Lugenprophezeiung.

In der Versammlung meines Volks seyn sie nicht,
Und in die Zahl des Hauses Israels nicht geschrieben,
Sie kommen nicht ins Land Israels;
Erkennen sollt ihr es,
Daß ich der Herr Jehova bin.
Darum, weil sie mein Volk verführen
Und Sprechen: es ist Glück,
So doch kein Glück vorhanden ist.
Es bauet das Volk eine Wand,
Die tünchen sie mit schlechtem Kalch.
Sprich zu den Tünchern:
Er wird abfallen, abfallen.
Es kommt ein flüthender Platzregen
Hagelsteine laß' ich fallen,
Ein Sturmwind reißt sie ein.
Sieh, so wird die Wand einfallen ꝛc.
Wird man nicht zu euch sprechen:
Wo ist das Getünchte nun,
Das ihr tünchtet?

Drum spricht der Herr Jehova also:
Zerreissen will ich es durch einen Sturmwind.
In meinem Grimm, es soll fallen
Ein flüthender Platzregen in meinem Zorn,
Hagelsteine in Wuth,
Zum völligen Verderben.
Und niederstürzen will ich die Wand,
Die ihr tünchtet mit Kalch,
Sie werfen zu Boden,
Daß man siehet ihren Grund,

Einfallen soll sie und ihr umkommen
In ihrer Mitte; so erkennet ihr,
Daß ich Jehova' sey.
Erschöpfen will ich meinen Grimm
An der Wand und denen, die sie tünchten
Und zu euch sprechen: nicht mehr ist da die Wand,
Noch die sie tünchten.
Dies sind die Propheten Israels,
Die Jerusalem weissagen
Und sehen ein Gesicht von Glück —
Und doch ist kein Glück vorhanden,
Spricht der Herr Jehova.

Auch richte du Menschensohn
Wider des Volkes Töchter dein Angesicht,
Die nach ihrem Herzen weissagen;
Weissage du wider sie.
Sprich, so spricht der Herr Jehova:
Weh' euch, die ihr Kissen nähet
Unter jedes Gelenk der Hand,
Die ihr Pfüle machet
Für die Häupter,
Nach eines Jeden Größe,
Seelen zu fangen.
Meinem Volke fangt ihr diese Seelen weg
Und verheißt dann Leben
Diesen euren Seelen.
Ihr entweihet mich in meinem Volke,
Um einer Hand voll Gersten
Und Bissen Brodtes willen,
Daß Seelen sterben sollen,

Die nicht sterben werden,
Und Seelen leben sollen,
Die nicht leben werden,
Durch Lügen unter meinem Volke,
Das Lügen gerne hört.
Drum spricht der Herr Jehova!
Seht euren Kissen werd' ich mich
Entgegenstellen, womit ihr Seelen fangt,
Sie zu zerstreuen,
Losreisen will ich sie von euren Armen,
Frei machen die von euch gefangnen Seelen -
Und dann will ich zerstreuen sie.
Ich will zerreissen eure Pfühle,
Mein Volk aus eurer Hand erretten,
Daß sie als Beute nicht mehr kommen sollen
In eure Hände; ihr sollt erkennen,
Daß ich Jehova sey!
Habt ihr gesetzet doch in Angst
Durch Lügen der gerechten Herz,
Die nicht betrübet sollten seyn;
Habt ihr gestärket doch
Die Hände der Gottlosen,
Nicht von dem bösen Wege umzukehren,
Daß sie lebten.
Drum sollt ihr Trug nicht fürder sehen,
Nicht mehr weisagen.
Mein Volk will ich befreien
Aus eurer Hand; ihr sollt erkennen,
Daß ich Jehova sey! *)

---

*) Ezech. Kap. 13.

In einem Staate, dessen Verfassung Theokratie
ist, sind Priester und heilige Seher die Sprecher
und Führer: auch nach dem die Hebräer vor Königen regiert wurden, standen diese unter der Lei-
tung der Priester und Propheten. Inzwischen wurde nach der Theilung des hebräischen Staats das
Interesse der Nation getheilt. Das Reich Israel
führt die symbolische Verehrung Jehovas ein, und
und setzte sich eigene Priester, um die Unterthanen
von Jerusalem, dem verfassungsmäsigen Sitz der
Priester Jehovas, abzuhalten. Die Priester zu
Samaria lagen daher mit denen zu Jerusalem im
beständigen Streit; jene hielten es mit dem Interesse ihrer Könige, diese mit der mosaischen Konstitution, jene bezogen ihre Rathschläge, Anordnun-
gen und Weissagungen auf die Wünsche ihrer Re-
genten, diese auf den Geist der Gesetze Jehovas.
Vorübergehendes Interesse kann ein Reich nicht
erheben, aber weise Gesetze vermögen auch einen
kleinen Staat zu erhalten. Daher waren die Priester und Propheten aus dem Reich Juda allerdings
größere Patrioten, als die aus dem Reiche Israel.

Dem Manne von Verstand und Tugend thut
es wehe, wann sich ihm Unverstand und Thorheit
entgegen stellen. Daher begreifen wir gerne, warum Ezechiel ein drohendes Orakel gegen falsch-
gesinnte Propheten und Prophetinnen aussprach.

Propheten, die nur ihr Interesse im Auge haben, sprachen nach ihrem eigenen Geiste,

nach ihren verkehrt n finnlichen Trieben. Indem
sie nie heilig dachten, konnten sie sich zur heiligen
Begeisterung nicht erheben, nichts Höheres sehen,
von der Zukunft nicht enthüllend sprechen. Ezechiel vergleicht sie daher recht passend mit Schakalen, die zu Hunderten mit einander laufen, dumm
und furchtsam, dabei aber sehr hungrig sind. So
sind die Propheten im Reiche Israel falsche Dema-
gogen, welche die Gefahr des Volkes nicht küm-
mert und solche mit eigener Aufopferung nicht ab-
zuwehren suchen. Statt, daß sie dem Volke die
drohende Gefahr, die sie ins härteste Elend führen wird, bekannt machen sollten, verkündigen sie
demselben alles Glück, zufrieden, wenn sie ihre
Habsucht stillen können. Sie sehen die Macht
wilder Feinde und wähnen dieser begegnen zu können, sie verheissen Sieg, und es kann nur Ueber-
windung, Vernichtung warten.

Der Prophet vergleicht nun den Zustand des
israelitischen Volkes, witzig, mit einer Wand von
Leimen, die mit schlechten Kalch überzogen ist.
Ein flüthender Platzregen kam, Hagelsteine fielen,
der Sturmwind riß das schlechte Haus zusammen.
Es ist nämlich im Orient nicht ungewöhnlich, daß
durch Regen, die, aus Leimen gemachten Mauern
(Wände!) einfallen, indem sie den Anwurf oder
Ueberzug von Mörtel auflösen. S. Harmars
Beobachtungen über den Orient Th. 3.
S. 44. Gleich der schwachen Mauer, von Lei-
men erbaut und mit Kalch überzogen, die durch
Regen

Regen und Sturmwind zusammenstürzt, will Jeho=
va das israelitische Volk, das durch nichtswürdige
Rathgeber scheinbar zusammen gehalten wurde,
auflösen, vernichten. Wir mögen diese falschen
Propheten nun im Gesichte von Glück sehen, da
für das Volk kein Glück vorhanden ist? Völ=
liger Uutergang ist ihre sichre Strafe.

In einem Staate, wo die Männer wie Kin=
der hant:ln, suchen die Weiber Männer vorzustellen;
sie machen Plane und geben Rathschläge. Haben
sie nicht den Geist einer Debora *) den mo=
saischen Sinn einer Hulda **) so sprechen sie
nach ihrem Herzen, nach ihren sinnlichen Hoff=
nungen, die ein Traumgebild sind. Sie schmei=
cheln und hätscheln, nähen Kissen unter die Arme,
fertigen Polster für die Häupter, und locken die
wollüstigen, betäubten Männer so an sich, in süs=
sem Schlummer sie einwiegend. Um des Gewinnes
und Genusses willen entheiligen sie Jehova, indem
sie in dessen Namen dem schwachen Volke, das
gerne Lügen hört, Glück und Segen verkünden.
Nur will der Herr die durch Buhlerinnen gefan=
genen Seelen wieder befreien; die falschen Prophe=
tinnen sollen umkommen — in ihrer Strafe die
Macht des beleidigten Gottes erkennen.

Ganz im Geiste Mose ist dieses Orakel wider
die falschen Propheten und Prophetinnen ausge=

---

*) Richt. 4, 4. ff. **) 2 Kön. 22, 14. ff.

sprochen. Nur was in Beziehung auf Jehovas Gesetze heilig dachte, sprach und weissagte, war ein wahrer Prophet und seine Glücksverheissungen konnten in Erfüllung gehen. Gerechtigkeit, Güte Gesetzes=Erfüllung behalten einigen Werth. Unsitt= lichkeit, Gottlosigkeit, Gesetzesverachtung vernichten den Menschen, führen ihn zum Verderben. Daher sprach schon Moses über die Volksverführer das Weh aus, sie sollten sterben. 5. Mos. 13, 1 ff.

2. Ueber Aegypten.

Menschensohn!
Sprich zu Pharao,
Dem König von Aegypten
Und zu seinem Volke:
Wem wärst du gleich
In deiner Größe?
Sieh', Assur war
Wie eine Ceder
Auf Libanon,
Schön von Aesten
Dick von Laub,
Und hoch von Höhe;
Zwischen seinen Aesten
Waren Schößlinge.
Die Wasser machten ihn so groß,
Die Tiefe höhete ihn.
Es gingen seine Ströme her
Rings um den Stamm,

Und seine Bäche flossen
Zu allen Bäumen
In dem Feld.
Drum hob sich seine Höhe
Vor allen Bäumen
In dem Feld,
Es vermehreten
Sich seine Aeste
Und verlängerten
Sich seine Zweige
Von dem vielen Wasser
Sich auszubreiten.
Auf seinen Aesten
Nisteten alle Vögel
Des Himmels, und im Felde
Alle Thiere zeugeten
Unter seinen Zweigen —
Und unter seinem Schatten
Wohnten die großen Völker all?
So war er schön
Durch seine Größe,
Durch seiner Zweige Länge,
Denn seine Wurzel halten
Viel Wasser.
Cedern im Garten Gottes
Verdunkelten ihn nicht,
Es glichen die Cypressen
Nicht seinen Aesten.
Nicht waren Ahornbäume
Wie seine Zweige.
Kein Baum im Garten Gottes

9 *

Glich seiner Schöne.
Ich machte ihn so schön
Durch seiner Aeste Menge
Daß alle schöne Bäume
Im Garten Gottes
Ihn beneideten.

Drum spricht der Herr Jehova
Also: weil er sich schwang
Zu solcher Höhe
Und sich Schößlinge gab
Zwischen seinen Aesten,
Daß über seine Größe
Sich sein Herz erhob:
So gab ich in die Hand
Des Mächtigsten der Völker
Ihn, daß er aufs Schlimmste
Mit ihm umginge;
Ich hatte ihn verworfen!
Ihn hieben um Ausländer,
Die schrecklichsten der Völker
Stürzten ihn.
Auf die Berge
Und in alle Thale
Fielen seine Aeste,
Seine Zweige zerschmetterten
In allen Erdentiefen;
Es entwichen seinem Schatten
Alle Völker der Erde
Und verließen ihn.
Auf seinem umgefallenen Stamm

Setzten alle Vögel
Des Himmels sich.
Und auf seinen Aesten waren
Des Feldes Thiere alle —
Deswegen, daß kein Baum
Am Wasser, seiner Größe
Sich wieder überhebe
Und sich Sprößlinge gebe
Zwischen seinen Aesten,
Und steh' in seiner Höhe
Ueber jenen allen
Die auch Wasser saugen,
Denn sie alle sind bestimmt
Dem Tod, der Unterwelt,
In der Menschenkinder Mitte
Die schon gingen in die Gruft.

Nun spricht der Herr Jehova:
Am Tage, da er ging
Ins Todtenreich, macht' ich
Ein Trauern.
Das Meer deckt' ich ihm zu,
Entzog ihm seine Ströme,
Die großen Wasser schlossen sich:
Da trauerte um ihn
Der Libanon
Und des Feldes Bäume all'
Verhüllten sich um ihn.
Vom Krachen seines Falls
Erschreckte ich die Völker,
Als ich ihn stieß ins Todtenreich

Mit denen, die schon stiegen
In die Gruft. Da trösteten
Sich alle schöne Bäume
Unter der Erde,
Die edelsten und besten
Auf dem Libanon
Und alle, die am Wasser
Saugten. Mußten sie doch auch
Ins Todtenreich hinsteigen,
Zu denen, die das Schwerdt erschlug
Und seine Hand. Sie wohnten
Unter seinem Schatten,
In der Völker Mitte.

Wem willst Du nun gleichen
In deiner Pracht und Größe
Unter den schönsten Bäumen?
Du mußt mit den schönsten Bäumen
Hinabfahren unter die Erde,
In der Mitte mußt du liegen
Von Unbeschnittenen,
Bei Schwerdtentleibten!
Dies dem Pharao
Und seinem Volke —
Sprach's der Herr Jehova! *)

Gleich der übrigen Propheten richtete Ezechiel
seinen Seherblick auch auf andere Völker.   Be=

*) Ezech. Kap. 31.

sonders beschäftigten ihn die Aegyptier, daher er
ausser dem eben übersetzten Orakel noch mehrere
gegen dieselben aussprach.

Es ist nur Einkleidung im vorausliegenden Ge=
dichte, wenn Ezechiel selbst zu Pharao gehen und
ihm den bevorstehenden Untergang seines Reichs
ankündigen soll.   Aegypten war stolz auf seine
Größe, Macht und Kultur, und wähnte über alle
Vergleichung erhoben zu seyn.   Da zeichnet der
Prophet, in einem ausdrucksvollen Gemählde, die
Größe und Furchtbarkeit der assyrischen Könige,
und stellt zugleich das Bild von Pharao dar.

Schön mahlt der Dichter die Ceder, die Köni=
ginn unter den Bäumen, die zu einer ungewöhn=
lichen Höhe wuchs, weil sie von Wasser umge=
ben, auf einem sehr fruchtbaren Boden stand.
Sie war der Lieblingssitz der Vögel; über ihren
Zweigen begatteten sich alle Thiere der Erde=
unter ihrem Schatten konnten alle große Völ=
ker wohnen.   Der orientalische Dichter spricht
gerne im geschwängerten Sinne der Worte.   Die=
ser schönen Ceder glich auch die schönste Cypresse
nicht, kein Ahornbaum und käm' er aus dem Gar=
ten Gottes.   Dem Dichter schwebt, nach der My=
thologie seines Volks, Eden, der Garten Gottes,
vor, in dem nur die schönsten Bäume stehen konn=
ten, und in welchem die ersten Menschen freudig
wohnten.

So war Aſſyrien ein großes, mächtiges Reich, und äuſſerſt fruchtbar; es wurde von Tigev und Euphrath durchſtrömt und ein Theil ſogar jähr= lich zweimal durchs Austreten dieſer Ströme über= ſchwemmt. Auch Aegypten war waſſerreich, und erhielt beſonders, durch die jährliche Ueberſchwem= mung von dem Nilſtrom, ſeine Fruchtbarkeit. Aſſyrien eroberte eine Provinz nach der andern; viele Völker begaben ſich unter den Schuͤ dieſes mächtigen Reichs und manche von ihnen genoſſen hierdurch glückliche Ruhe und vermehrten ſich.

Doch Aſſyrien, die hohe ſchöne Ceder, ward übermüthig und bereitete ſich hierdurch ſelbſt den Fall. Es hatte dem Volke Jehovas empfindli= chen Schaden zugefügt; alle Völker wollten ſich rächen. Es fiel in die Gewalt des tapferſten der= ſelben; die Chaldäer waren ſeine Beſieger. Der Untergang Aſſyriens verurſachte eine allgemeine Bewegung; Völker, die ſonſt Schutz und Zuflucht bei ihm fanden, verachteten es jetzt. So iſt das traurige Ende dieſes Staats ein warnendes Bei= ſpiel für alle mächtige Reiche, die ſich ihrer Größe überheben.

Der Fall Aſſyriens geſchah ſo unvermuthet und hatte ſo große Wirkungen im Gefolge, daß der Dichter noch einmal auf denſelben zurückkam. Bei der Nachricht von dem Untergang des furcht= barſten Reichs, überfiel alle andere Völker Schre= cken; ſie trauerten, daß das Meer und die Strö=

me ihm verſchloſſen wurden, die ihm ſonſt Er-
zeugniſſe jeder Art zuführten. Mit den Aſſyriern
giengen auch andere kleinere von denſelben abhän-
gende Völker zu Grunde — und wurden ſie nicht
ſogleich verſchlungen, ſo durften ſie doch nicht lange auf Selbſtſtändigkeit hoffen.

Nun machte der Prophet dem ägyptiſchen Reich
die Anwendung. Wie es Aſſyrien ergieng, ſo
wird es auch dieſem ergehen. Es wird zum Untergang den ſchon verſchwundenen heidniſchen Völkern nachfolgen. Jehova that dieſen Ausſpruch,
der in Erfüllung gehen muß.

VI.

Hoseas Orakel.

an die Israeliten.

Hoseas lebte zu einer Zeit, wo das König-
reich Israel, unter Jerobeam II., durch innere
Zerrütung, ganz entnervt war. Die Verfassung
dieses Reichs beschreibt er äusserst fein unter dem
Bilde, eines ehebrecherischen Weibes, deckt alle
seine Schwächen auf und kündigt ihm den nahen
Untergang an. Sollte aber auf Besserung nicht
wieder ein glücklicher Zustand eintreten können?
Der göttliche Seher sah in der fernen Zeit die
Besserung der Israeliten und ihr neues Glück.
Sehen wir auf das schöne Bild, das er hiervon
entwirft:

> Kehre zurück, o Israel,
> Zu Jehova, deinem GOtt!
> Denn du fielst durch deine Frevel.
> Nehmet Worte mit euch,
> Kehrt euch wieder zu Jehova,
> Und sprecht zu ihm:
> Vergib uns allen Frevel —
> Und nimm als gut uns wieder an;
> So wollen wir dir bringen
> Die Farren unsrer Lippen.

Affur hält' uns nicht mehr,
Auf Roffen wollen wir
Nicht reiten, nicht fagen
Zu den Worten unfrer Hände:
Ihr feyd unfer Gott!
Vielmehr zu dir:
Erbarme dich der Waifen!

Nun will ich fie heilen
Von ihrem Abfall,
Sie gerne wieder lieben,
Denn gewichen ift mein Zorn
Von ihnen.

Ich will feyn Ifrael
Wie ein Thau, es foll aufblühen
Wie eine Lilie,
Einfchlagen feine Wurzel
Sie auf Libanon.
Ausbreiten werden
Sich feine Zweige,
Daß wie des Oelbaums
Wiene Schönheit fey,
Und fein Geruch fey
Wie der Libanon.
Setzen, fetzen wird man
Sich unter fenen Schatten
Aufleben wie die Halmenfaat
Und blühen wie der Weinftock;

Man denk' an ihn,
Gleich an den Wein von Libonon! *)

Den Propheten ist das Unglück ihrer Mitbür-
ger immer eine Folge van Vergehungen gegen den
Schutzgott Jehova.   Nur auf Achtung gegen die
Gesetze Jehovas können bessere Zeiten kommen.
Daher der Rath: Nehmet Worte mit euch,
d. i. bekennt GOtt eure Sünden — und das Flehen: Vergib uns allen Frevel!   Stiere
opferte man, um sich mit dem beleibigten GOtt
zu versöhnen und ihm zu danken.   In der Dichter Sprache verstehen wir daher das Bild, wenn
der Vergebung erhaltene Frevler dafür die Far-
ren seiner Lippen darbringt, in einem
Lobgesang dem Himmel dankt.

Bei Assyrien wollen die Israeliten nicht
wieder Hilfe suchen, wie sie vorhin gegen den
Willen der Propheten gethan hatten, auch nicht
auf Rossen reiten, d. i. auf die ägyptische
Reiterei sich verlassen.   Aegypten war von den
ältesten Zeiten her das Land der Pferde und der
größte Theile seiner Kriegsmacht bestand besonders
in Reiterei und Streitwagen.

Die Israeliten wollen nicht mehr gegen die
mosaische Konstitution, unter selbst gemachten Bil-

---

*) Hos. Kap. 14, 2 — 8.

dern, Jehova verehren; Jehova werde im Geiste
festgehalten, er erbarme sich nur der Wai=
sen, der Hilflosen. Denn ohne ihn hatten die
Israeliten keine Selbstständigkeit, sie durften kein
Glück erwarten.

Der Morgenländer ergreift, mit aller Innig=
keit, den Gegenstand seiner Liebe; ist seine Liebe
aber durch Untreue beleidigt worden, dann schweift
er eben so stark im Zorne aus. So dachte er
sich auch die Gottheit; denn der Mensch ist immer
geneigt, sich diese nach seinen Gefühlen und Be=
dürfnissen zu bilden. Johova war im heftigsten
Zorne, als ihn seine Israeliten verließen; und da sie
sich ihm wieder nahten, wich sein Zorn von
ihnen, liebte er sie wieder Denn Liebe
begegnet sich.

Und nun mahlt der Dichter das neue Glück,
das Jehova seinem Lieblingsvolk zu Theil werden
läßt, in den stärksten und reitzendsten Bildern.
Und diese Bilder sind wieder in Bilder geflochten
und diese Vergleichungen in Vergleichungen ge=
schlungen. Da will Jehova seinem Israel, wie
ein Thau seyn, so erquickend Wachsthum
und Wohlstand befördernd. Es blühe, wie eine
Lilie; seine Wurzeln schlagen ein, wie
auf Libanon; es wurzle und begründe sich,
wie Cedern auf dem Libanon; es breite sich aus
wie der schöne Oelbaum, der weite Aeste treibt.
Lieblich war der Geruch auf Libanon von Cedern,

Cypreſſen und andere angenehm riechenden Bäumen; ſo lieblich ſoll Iſrael duften; bei ſeinem
Namen freut man ſich, es iſt allgemein beliebt.
Unter ſeinen Schatten wird man ſich
ſetzen; Völker werden ſich unter ſeinen Schutz
begeben, ſo mächtig wird es wieder werden. Es
lebt auf wie die Halmenſaat, nach erqui-
kendem Regen; blüht wie der Weinſtock zu
immer größeren Hofnungen. Sein Name wird
wie der Wein von Libanon, von dem man wegen ſeiner Treflichkeit, nur mit Wonne und Be-
geiſterung zu reden pflegte. Mit Entzücken wird
man künftig von dem berühmten Iſrael reden.

Wir bewundern die Phantaſie des Dichters, die
auch, wenn ſie die ſtärkſten und lieblichſten Bilder
ergreift, und häuft, immer höher und ſchöner fliegt.

VII.

Joels Orakel.

An die Israeliten.

Von Joels Lebensverhältnissen wissen wir wenig oder nichts, selbst das Zeitalter, in dem er seine prophetische Wirksamkeit begann und schloß, läßt sich nicht mit Gewißheit bestimmen. Seine Originalität und die Freiheit seiner Sprache macht es indessen wahrscheinlich, daß er in blühenden Zeiten, früher als die Propheten, die wir aus ihren Schriften kennen, gelebt haben.

Ein furchtbarer Heuschreckenschwarm hatte das Reich Juda überzogen, und schrecklich verwüstet. Die Plage, welche gewöhnlich eine große Dürre im Geleite hatte, besingt der Dichter. Ein neuer Heuschreckenschwarm war im Anzuge, und drohte das ganze Land zu verderben. Diese doppelte Plage stellt Joel, als Strafe der Sünde dar; mit klagender Stimme ermahnt er sein Volk, zur gänzlichen Sinnesänderung, und vertröstet es dann auf glücklichere Zeiten, von denen er in den bezaubernsten Bildern spricht.

Hier stehe zur Beurkundung der genialischen Kraft des heiligen Sängers der Anfang seines Gedichts:

Vernehmet dieß, ihr Greise!
Hört's alle, die ihr im Lande wohnt!
Ist dies geschehen zu eurer Zeit,
Und zu eurer Väter Zeit?
Erzählt's euren Söhnen,
Und eure Söhne ihren Söhnen
Und diese Söhne dem folgenden Geschlecht!

Was die Raupe übrig läßt,
Verzehrt die Heuschrecke,
Was die Heuschreck' übrig läßt,
Verzehrt der Käferwurm
Und was übrig läßt der Käferwurm,
Verzehrt die Maulwurfsgrille.

Erwachet, Trunkene! nnd weinet,
Klaget alle, die ihr trinket Wein,
Um den Most; von eurem Munde
Wird er genommen!
Ein Volk fiel in mein Land,
Gewaltig, ohne Zahl!
Seine Zähne waren wie Löwenzähne
Und sein Gebiß wie das der Löwin!

Verwüstet hat es meinen Weinberg;
Entrindet meinen Feigenbaum,
Ihn abschälend abgeschält,
Er fällt zu Boden;
Weiß stehen seine Zweige da.

Weint,

Weint, wie die Jungfrau,
Die sich das Trauerkleid anleget
Um den Trauten ihrer Jugend!

Entrissen ist die Opferspeise,
Der Opferwein Jehovas Haus;
Es trauren die Priester,
Jehovas Diener!

Verwüstet ist das Feld,
Die Landschaft trauert,
Verwüstet ist's Getraide,
Verschüttet ist der Most,
Das Oel verschwunden!

Klagt ihr Ackerleute,
Heult, ihr Winzer, nun,
Um Waizen und um Gerste!
Des Feldes Aerndte ist dahin!
Der Weinstock steht verdorret da,
Der Feigenbaum verwelkt;
Granat = und Palmenbäume,
Die Aepfelbäum' und alle Bäum' im Felde
Sind verdorrt; verschwunden ist
Der Menschenkinder Freude!

Begürtet euch, und klagt, ihr Priester!
Heult, Diener des Altars!
Kommt, übernachtet ihr
In Trauerkleidern,
Ihr, meines Gottes Diener:

Denn von eures Gottes Hause
Ward genommen:
Die Opferspeise, der Opferwein!

Heiligt euch zum Fasten,
Ruft der Gemeine,
Versammlet die Aeltesten
Und die Bewohner all' des Landes,
In Jehovas, eures Gottes Haus!
Schrei't zu Jehova auf:

O weh! des Tages!
Der Tag Jehovas nahet,
Kommt mit Verwüstung her
Von dem Allmächtigen,
Nimmt man nicht weg die Speise
Vor unsern Augen;
Von unsres Gottes Hause
Nicht Freud' und Jubel?

Verfaulet sind die Körner in den Schollen,
Leer sind die Vorrathshäuser,
Die Scheunen öde,
Denn verdorrt ist das Getraide.
Wie stöhnt das Vieh,
Wie lauft die Rinderheerde bestürzt herum!
Sie haben keine Weide mehr!
Auch die Schaf = und Ziegenheerde
Will verschmachten!

Zu dir, Jehova, ruf' ich,
Denn Feuer hat verzehrt
Die Auen und die Triften,
Und eine Flamme angezündet
Des Feldes alle Bäume.
Auch die wilden Thiere schreien zu dir,
Denn vertrocknet sind die Wasserbäche,
Verzehret hat das Feuer
Die Auen und die Triften! *)

---

*) Joel Kap. 1.

5.

Hymnen.

I.

Von Hanna.

Wie sich der Mensch die Gottheit auch denken mochte, er sang bald ihr Lob. Erschien sie ihm als ein leidenschaftliches Wesen, im Zorne: So suchte er sie durch Erhebungen, in Worten und Gebehrden ausgedrückt, wieder zu besänftigen. War ihm unerwartetes Glück zu Theil geworden: so sah er dasselbe wieder als ein Geschenk der Gottheit an, und er prieß, mit tiefem Gefühle, der Andacht und Freude, die großen Eigenschaften derselben. Wer auch je den göttlichen Theil seiner Natur begriff, und sich, im heiligem Gefühle, in die unendliche Welt erhob, konnte nur, mit Ehrfurcht und Freude, an den höchsten, bildenden Geist denken. Ihm werden die Gefühle laut; er singt ein heilig erhabenes Lied.

Unter den Hebräern finden wir besonders frühe die Hymne. Priester und Gottesdienst weckten das religiöse Gefühl und beflügelten die Phantasie. Hanna's Lobgesang ist der älteste, den wir kennen. Die fromme Frau erlebte die Freude, daß sie, nach langer Unfruchtbarkeit, einen Sohn erhielt;

der bald bis zum Oberhaupt der Nation aufsteig.
Ihr Herz wallte im Blick auf den weisen, tapfern
und glücklichen Sohn Samuel, von den freudig=
sten Empfindungen auf; von ihren Lippen strömte
das erhabene Lied:

> Es freuet sich mein Herz in Jehova!
> Erhöhet ist mein Horn in Jehova!
> Gegen Feinde öffnet wieder sich mein Mund,
> Denn hocherfreuet macht mich deine Hilfe.
> Keiner ist so heilig wie Jehova,
> Keiner ist es ausser dir!
> Keiner ein Fels, wie unser GOtt!

> Redet, redet nicht so viel von Höhen! Höh'n!
> Laßt jede Härte weg aus eurem Munde,
> Denn Gott weiß es, Jehova,
> Er, der die Thaten wägt!

> Es ist der Bogen des Helden zerbrochen
> Und die da wankte, gürtet er mit Kraft.
> Die Satten dienen um's Brod,
> Die hungrigen, sie feiern jetzt!
> Die stets Unfruchtbare gebieret siebenmal,
> Und die viel Söhne hatte, welkt dahin!

> Jehova tödtet und belebt,
> Führt tief ins Todtenreich und führt herauf.
> Jehova machet arm und reich,
> Erniedrigt und erhöhet.

Aus dem Staube hebt er der Armen,
Aus dem Koth erhöhet er den Dürftigen,
Daß er ihn sitzen lasse mit den Edeln,
Ihn erben lasse den Thron der Majestät.
Jehova sind der Erde Vesten,
Das Erdenrund hat er darauf gesenkt.

Die Tritte seiner Treuen bewahret er,
Die Bösen kommen in dem Dunkeln um,
Denn nicht durch Stärke siegt der Held.

Jehova! Seine Feinde werden beben,
Wenn er im Himmel donnert über ihnen,
Jehova wird des Landes Grenzen richten,
Seinem König Heldenstärke geben
Und seines Gesalbten Horn erhöhen! *)

Hanna ist von Freude und Dank durchglüht.
Menschen konnten sie so nicht erheben; Jehova
gab ihr das Glück. Er erhöhte ihr das
Horn. Und wie ich schon in der Erläuterung
des Abschiedliedes Mose bemerkte, das Horn ist
dem Morgenländer ein edles Bild der Stärke,
Ehre und Glückseligkeit.

Mit einem stolzen Blicke sieht Hanna auf ihre
Nebenbuhlerinn, Penina, das andere Weib ihres
Gemahls Elkana, die sie lange, wegen ihrer

---

*) 1 Sam. 2, 1 — 10.

Unfrutbarkeit, verhöhnet hatte. Jetzt kann sie gegen die Feindinn den Mund öffnen, diese ist gedemüthigt.

Nun hebt die fromme Sängerinn ihren Geist zu Jehova, der alle Größe in sich fassend, einzig heilig ist. Für alles, was groß, erhaben und schön ist, setzt der Hebräer sein viel ausdrückende heilig. Jehova ist ein Fels, wer sich auf ihn verläßt, wird sicher beschützt und erhalten.

Hanna ist von Jehova gesegnet, und nicht mehr in der Schmach der Unfruchtbarkeit. Ihre Feindinnen, die sie bisher verspotteten, dürfen nicht weiter von Höhen reden, stolz und prahlerisch und mit Härte gegen sie sprechen. Jehova kennt alle Thaten der Menschen, wäget sie, weiß sie zu würdigen.

Die Schicksale im menschlichen Leben können sich geschwind verändern. Es kann der Große und Starke unvermuthet klein und schwach, und der Kleine und Schwache groß und stark werden. Die Lage des Reichen und Armen mag sich schnell verändern. Es ist wohl möglich, daß eine Unfruchtbare noch siebenmal gebähret, d. i. noch viele Kinder bekommt, indem eine glückliche Kindermutter die stolzen Pfänder ihres Herzens verliert, und sie selbst für Gram dahin welkt. Jehova ist's, von dem die Größe und Niedrigkeit, die Freude und Leiden des Menschen abhängen. Arme kann er bis zu Fürstenthronen erheben; so hatte er Samuel erhoben. Er saß unter den Edeln als Landesfürst, war Richter des Volks.

Jehova belohnt seine treuen Verehrer. Die Frevler gehen ihrer gerechten Strafe entgegen; wie werden sie leben, wenn er im Himmel donnert? Er ist der Richter; seinem Spruche entgehen sie nicht. Samuel war der Regent unter den Hebräern, nach seiner Wirksamkeit ihr König, Gesalbter. Jehova gibt ihm Heldenstärke, hatte sie ihm gegeben; erhöhet sein Horn, seine Macht; er hatte es gethan!

Wir verehren in Hanna eine zärtliche Mutter, eine heilige Dichterinn, welche die Kraft ihres Geistes, den hohen Sinn für das Göttliche, für Jehova in jedem Worte aussprach. In Liebe und Frömmigkeit, mit Phantasie war Samuel gezeuget worden, und so wurde er auch von ihr erzogen. Wie er sich durch Einsicht und Güte auszeichnete, so auch durch Poesie und Musik. Er wurde, nach Moses, der Wiederbeleber der Dichtkunst, und zog späterhin einen Kreis geistvoller Jünglinge um sich her, unterrichtete sie im mosaischen Gesetze, gab durch Lieder und Gesang ihrer Phantasie einen himmlischen Schwung, und regte so das schönste Gefühl in ihnen an.

2.

Von David.

I.

David war aus Samuels poetischer Schule
hervorgegangen. Als Hirte weidete er die Scha=
fe seines Vaters, sah stets die Natur in ihrer
Schönheit vor Augen, und genos ihre Gaben.
Da bließ er, von stiller Freude gerührt, beim
Aufgang der Sonne auf seiner Flöte und wenn
sie wieder sank, griff er in seine Harfe. Seine
Seele war rein, und fromm sein Herz. Er kannte
den Schöpfer des großen Alls, und betete ihn an.
Einst in einer stillen Nacht, sah er bei seiner
Heerde den gestirnten Himmel und die Ruhe der
ganzen Natur. Da ward er zur Begeisterung
hingezogen, stieg zum Himmel auf, und sang der
Gottheit das erhabene Lied:

Jehova, unser Herr!
Wie herrlich ist dein Name
Auf der ganzen Erde!
Die deinen Ruhm besinget
Hoch über jene Himmel!

Schon durch den Mund der Kinder und
Säuglinge
Hast du dir Lob gegründet,

Trotz deinen Widersachern,
Feinde zu beschämen — Empörer!

Denn schau ich deine Himmel an,
Sie, deiner Finger Werk,
Den Mond und die Gestirne,
Die du bereitet hast.

Was ist der Mensch, daß du an ihn gedenkst?
Des Menschen Sohn, daß du auf ihn so sahst?
Nur wenig hast du ihn GOtt nachgesetzt,
So hast du ihn mit Ehr' und Schmuck gekrönt!
Du machtest ihn zum Herren deiner Hände Werk
Und setztest Alles unter seinen Fuß!

Die Schaf und Rinder alle,
Auch das Gewild der Flur,
Des Himmels Vögel, die Fisch im Meer
Und was die Bahn der Fluthen geht.

Jehova, unser Herr!
Wie herrlich ist dein Name
Auf der ganzen Erde! *)

So sang er, und das Nachspiel seiner Harfe
verlor sich lieblich in den Lüften.

---

*) Psalm 8.

2.

Durch die Priester war David König gewor=
den: er schloß sich daher innigst an sie an.   Er
vermehrte ihre Einkünfte, vergrösserte ihr Ansehen,
erhöhete die Pracht des öffentlichen Gottesdienstes,
und gab ihnen seine schönsten Lieder zum feierli=
chen Absingen im Tempel.   Auch das folgende
Lied, das David nach glücklich beendigtem bluti=
gem Bürgerkrieg, von seinem eigenen Sohn Ab=
salom und Seba erregt, sang, war für die Tem=
pelmusik bei der neuen allgemeinen Huldigungs=
feier der Israeliten bestimmt:

Dich, meine Stärke, Jehova,
Will ich lieben!
Jehova ist mein Fels!
Ist meine Burg, mein Retter,
Mein GOtt, mein Hort,
Zu dem ich fliehen kann,
Mein Schild und meines Heiles Horn,
Mein hoher Zufluchtsort!

Betäubt rief ich Jehova an:
Und ward befreit von meinen Feinden.
Schon hatten mich umschlossen
Des Todes Schlingen;
Die Ströme Belials erschreckten mich.
Umschlungen hatten mich
Des Scheols Schlingen,
Des Todes Netze

Lagen um mich her.
In meiner Angst rief ich Jehova, an,
Ihn, meinen GOtt.
Ich schrie zu ihm —
Er hörte meinen Ruf
Aus seinem Tempel.
Ich schrie zu ihm hinauf,
Es drang zu seinen Ohren!

Die Erd' erbebt' und schütterte,
Der Berge Gründe zitterten,
Ganz wankten sie. So zürnte Er!
Dampf drang aus seiner Nase,
Aus seinem Mund verzehrend Feuer,
Wie Kohlenglut entbrannt' es ihm!
Der Himmel senkte sich — er stieg herab;
Und unter seinen Füßen
War dichte Finsterniß.
Er fuhr auf seinem Cherub, er flog;
Auf Windes Flügeln schwebte er!
Dunkel macht' er zur Hülle um sich her,
Sein Zelt war schwarze Fluth
Und hochgethürmte Wolken.

Dem Glanz, der ihn umglänzte,
Entwichen seine Wolken,
Ein Hagel fiel und — Feuerglut.
Jehova donnert' in dem Himmel,
Seine Stimme ließ der Höchste aus;
Ein Hagel fiel und Feuerglut.
So schoß er seine Pfeile, als streut er sie,

Der Blitze viel durchkreuzten sich!
Man sah des Meeres Quellen,
Entblößt der Erde Grund
Von deinem Schelten, Jehova,
Von dem Schnauben, dem Sturme deines Zorns!

Von der Höh' griff er herab
Und faßte mich, zog mich aus großen Fluthen,
Von meiner Feinde Macht befreit er mich,
Von meinen Hassern, überlegen mir.
Sie griffen mich am Unglückstage an,
Doch ward Jehova mir zur Stütze.
Er brachte mich auf weiten Raum,
Befreite mich, weil ich sein Liebling bin.

Es vergalt Jehova mir
Nach meiner Jugend, löhnte mir
Nach meiner Hände Reinigkeit.
Ich halt' Jehovas Wege
Und sündige nicht wider meinen Gott.
All' seine Gebote sind vor mir,
Von seinen Gesetzen weich' ich nicht.
Unsträflich such' ich stets zu seyn
Und hüte mich vor Sünden.
Dann lohnt Jehova mir
Nach meiner Tugend, nach der Reinigkeit
Meiner Hände vor seinen Augen.

Wer dich liebt, den liebst du wieder,
Dem Redlichen zeigst du auch redlich dich.
Dem Reinen bist du rein,

Die Heuchler täuschest du.
Du bist's, der den Bedrückten hilft,
Der niederschlägt der Stolzen Blicke.
Du bist's, der leuchten läßt mein Licht!
Jehova, du mein GOtt,
Du machst die Finsterniß licht um mich her.
Mit dir durchbrech' ich Kriegesheere,
Mit meinem GOtt ersteig ich Mauern.

Untadelhaft sind GOttes Wege
Und lauter die Verheisungen Jehovas;
Ein Schild ist er für Alle,
Die ihm vertrauen.
Wo ist ein Gott, ausser Jehova?
Wo ein Fels, wie unser GOtt?
Ein GOtt, der mich mit Stärke rüstet,
Und meinen Weg so eben bahnt?
Der gleich Hirschen meine Füße macht
Und mich auf meiner Höhe sicher stellt?
Zum Streit übt meine Hand,
Und meinen Arm den Bogen,
Den ehernen, spannen lehrt?
Du reichst mir deinen Siegesschild,
Durch deine Rechte stärkst du mich,
Machst mich durch deine Gnade groß.
Meine Schritte weitertest du unter mir,
Doch wankten meine Knöchel nicht.

Verfolgen will ich meine Feinde,
Sie einholen und nicht umkehren,
Bis sie vertilget sind.

Ich will sie niederwerfen,
Daß sie aufstehen nicht mehr können;
Da liegen sie zu meinen Füßen.

Du waffnest mich mit Macht zum Streit,
Krümmst die Empörer unter mich.
Du kehrst mir meiner Feinde Rücken zu,
Daß ich vertilge, die mich hassen.
Sie schrei'n und niemand rettet sie,
Zu Jehova: — und er antwortet nicht.
Zermalmen will ich sie wie Staub
Vor dem Wind, zertreten sie
Wie Gassenkoth.
So rett'st du mich von Bürgerzwist,
Erhebst mich zu dem Haupt der Völker;
Völker, die ich nicht kannte,
Sollen dienen mir;
Sie folgen, so wie ihr Ohr nur hört.
Auch fremde Söhne schmeicheln mir.
Die fremden Söhne haben ausgeblüht,
Zitternd kommen sie hervor
Aus ihren Vestungen.

Es lebe Jehova,
Gepriesen sey mein Fels!
Gelobet sey mein GOtt,
Der mich errettete!
GOtt, der mir Rache gibt,
Mir Völker unterwarf,
Von Feinden mich befreite,
Ueber die Empörer mich erhob,
Grausamen Menschen mich entriß!

Drum preiß ich unter Völkern dich
Dich Jehova! und rühre deinem Ruhme
Mein Saitenspiel!
Deinem Könige,
Und Gut erwiesest
Deinem Gesalbten,
Ihm David und seinem Geschlechte
Ewiglich! *)

Die Hilfe war groß, ja wundervoll, die David
mehrmals im Feindsgedränge begegnete. Zu seinem
GOtt betete er, in den gefährlichsten Augenblicken
ward ihm dann Glück zu Theil: wem konnte er
anders danken, als Jehova? Seinen GOtt hatte
er mit Liebe und Vertrauen umschlungen; er ist
der Höchste, von dem er Hilfe und Rettung hofft.
Er ist ihm seine Stärke und Burg, sein
Fels, Hort, Schild, Horn, sein GOtt.
Gehäufte Ausdrücke der Vergleichung, verstärkte
Bilder zur Erhebung der göttlichen Größe Nur
David, der ganz in seinem Jehova lebte, und so
viel von ihm empfangen hatte, konnte in solchen
Tönen singen.

Nach der ersten Lobpreißung Jehovas mahlt
der Dichter mit eben so starken Farben die To-
desgefahr, in der er sich befunden hatte. Er
personificirt den Tod; Belial ist der König der

---

*) Psalm 18.

Unterwelt, als Jäger erscheint er und lauert mit
Stricken und Netzen dem Leben der Menschen auf.
Ströme durchrauschen das Thal der Schatten.
Bei Hiob, der wahrscheinlich früher als David
dichtete, finden wir das Gemählde vom Scheol
vollkommen dargestellt. Dieser ist das letzte Loos
der Sterblichen; alles verschlingt er und hält es
in ewigen Fesseln.

Nun folgt die furchtbar schöne Beschreibung ei=
nes schrecklichen Gewittersturms, in welchem dem
Gotteshelden göttliche Hilfe zu Theil wurde. Es
war Eigenheit der Hebräer, sich den Donner als
Zornstimme Jehovas vorzustellen. Jehova konnte
so gut im Zorne wüthen, wie Zeus, der schwarz=
umwölkte. Den Himmel denkt sich David, wie
ein großes Gebäude, das auf Grundsäulen ruhet,
und diese sind die Berge. Sie zitterten, als die
Donner rollten. Der Mensch im höchsten Zorne
schnaubt, sein Geist sprüht Feuer. So mahlt
der Dichter auch den erzürnten Jehova: Dampf
dringt aus seiner Nase — und hiermit bil=
dete er die dampfartigen Gewitterwolken ab, wie sie
am Himmel hin und her ziehen. Das verzeh=
rende Feuer, das wie Kohlengluth aus
dem Munde Jehovas entbrannte, ist der
Blitz, der aus den Wolken fuhr. Der Himmel
ist Jehovas Fußboden, er senkte sich, als der
Gebieter herabstieg. Da war Finsterniß,
schwarze Wolke unter seinen Füßen. Woher
der rollende Donner? Jehova fuhr auf seinem

Cherub, der, nach den hebräischen mythologi-
schen Vorstellungen, ein Donnerwagen ist, mit
Pferden bespannt, die mit dem Donnerwagen eins
ausmachen. Geschwind war dies Fahren, wie
auf Windes Flügeln; Gewitter werden von
dem Winde herbei und fortgetrieben. So oft es
blitzte, schienen die Wolken zu entweichen.
Vom unaufhörlichen Blitzen, die wie Pfeile ver-
wüsteten, denn auch Hagel fiel, schien sich sogar
das Meer zu theilen. Jehova war im höchsten
Zorne. In diesem Sturme griff er nach seinem
Liebling, zog David aus der Gewalt seiner Feinde,
befreite ihn.

Und warum nahm sich Jehova Davids so mächtig an? Er war ein Verehrer der Tugend; ihm
ward die Reinigkeit seiner Hände belohnt, d. i. seine Unschuld. Das Händewa-
schen war immer ein Zeichen der Reinheit der
Gesinnungen. GOtt liebt und beglückt seine Verehrer; die Verächter seines Willens aber haßt und
bestraft er mit Unglück; Vernichtung ist ihr sicheres Loos.

Viel hatte David unter dem Beistande seines
GOttes schon gethan, und viel gedenkt er noch
zu thun. Dies sagt er unter abwechselnden
Wendungen und Beziehungen. Nicht allein seine
innländischen Feinde, die Anzettler des Bürger-
kriegs, will er vernichten, hatte er vernichtet,
auch fremde Söhne, d. h. auswärtige Völker

möchte er sich noch unterwerfen. Wirklich streif=
te er mit seinen siegreichen Heeren bis zum Eu=
phrat.

Wie kann der Dichter, der sein Glück so groß
fühlte, den Lobgesang Jehovas anders endigen,
als mit der höchsten Ergießung des Herzens, mit
Dank und Preis zu dem höchsten Beglücker?
Jehova lebe! so ruft er froh aus; ewiglich
ist er für sich und sein Geschlecht der Güte seines
Gottes gewiß.

3.

Die Himmel preisen GOttes Gröſe,
Der Luftkreis rühmt die Werke ſeiner Hand!
Ein Tag ruft es dem andern zu
Und eine Nacht thut's kund der andern.
Nicht Lehren, oder Wotte ſind's,
Die man in ihrem Schall nicht hört'!
Durch die ganze Erde tönt ihr Saitenklang,
Ihr Laut bis zu der Erde Grenzen.

Der Sonne gab er dort ſein Zelt;
Sie gehet wie ein Bräutigam hervor
Aus ihrem Brautgemach —
Und freut ſich wie ein ſtarker Held
Zu laufen ihre Bahn.
Von einem Himmelsende geht ſie aus,
Durchkreiſend ihn, bis zu dem andern End;
Und nichts verbirgt ſich ihrem Feuerſtrahl!

Vollkommen iſt Jehovas Lehre,
Sie gibt dem Geiſte Ruh'!
Wahr iſt Jehovas Unterricht,
Weiſe macht er die Irrenden.
Untrüglich ſind Jehovas Befehle,
Sie erfreuen das Herz;
Klar ſind Jehovas Gebote
Sie erleuchten das Aug'.
Unverfälſcht iſt Jehovas Unterricht,
Er ſtehet ewig feſt;
Wahrhaftig ſind Jehovas Vorſchriften

Und billig allesammt!
Sie sind köstlicher als Gold;
Als viel feines Gold;
Sie sind süßer als Honig
Und als Honigseim.

Durch sie wird auch dein Knecht belehrt;
Wer sie befolgt, hat großen Lohn!
Verirrungen — wer merkt sie immer?
Die Verborgenen vergib mir auch!
Vor Freveln nur bewahre deinen Knecht,
Laß' sie mich nicht beherrschen!
So werde ich unsträflich seyn
Und rein von schwerer Missethat.

O daß dir wohlgefiele
Die Rede meines Mundes!
Und vor dir meines Herzens Wunsch!
Jehova, mein Fels, mein Retter! *)

Eine vortrefliche Hymne! Die Natur spricht
laut von Gottes Schöpfergröße und seiner Herr=
lichkeit, und von Allen kann sie verstanden werden.

Indem der Dichter von Himmel und Luft=
kreis, als Zeugen der göttlichen Majestät, redet,
wird er durch die leichteste Verbindung der Ge=
danken, zur Sonne hingeführt. Er mag sich die

---

*) Psalm 19.

se nur belebt vorstellen. Da gibt er ihr am Him=
mel ein Gezelt und vergleicht sie in ihrem Auf=
gang, sehr prächtig mit einem Bräutigam, der,
von Leben und Verlangen glühend, feurig und
munter aus dem Brautgemach hervortritt. So
brennt die Sonne, wenn sie aufgeht, von inne=
rem Leben, erwärmt mit ihren Strahlen die Erde,
bringt Geschöpfe ins Daseyn, erhält und erfreut sie.

Groß ist GOtt als Weltschöpfer, aber eben so
groß ist er auch als Erzieher der Menschen. Dies
wird in der andern Hälfte des Psalms ausgeführt.
Die Belehrungen, die GOtt durch heilige Män=
ner — und unter diesen mochte der Dichter den
unsterblichen M o s e besonders verstehen — mittheil=
len ließ, erleuchten das Auge des Geistes und ge=
ben dem Herzen Ruhe und Freude. GOttes Ge=
setz ist daher wahr und untrüglich — und der
Mensch soll auf dasselbe einen grösseren Werth,
als auf das feinste Gold legen. Hat er den gött=
lichen Sinn erkannt, so genießt er die süßesten
Freuden im Innern, die süßer sind, als sinnliche
Vergnügungen, als Honigseim.

Der Dichter fühlt, daß er den Belehrungen
der Religion viel zu danken habe, aber er kennt
auch nun den großen Umfang seiner Pflichten.
Er möchte nicht sündigen, er will unsträflich seyn.
Dies ist sein Wunsch, sein Gebet.

4.

Bringet Jehova, ihr Göttersöhne,
Bringet Jehova Ehre und Preiß!
Bringet Jehova Ehre, seinem Namen,
Beugt euch vor Jehova in heiligem Schmuck,

Stimme Jehovas über den Wassern!
Der GOtt der Majestät donnert,
Jehova über den großen Gewässern!
Die Stimme Jehovas mit Macht,
Die Stimme Jehovas in Pracht!

Die Stimme Jehovas zerschmettert Cedern,
Es zerschmettert Jehova die Cedern
Auf Libanon.
Er lässet sie hüpfen wie Kälber,
Libanon, Schirjon, wie Söhne der Büffel.

Die Stimme Jehovas streut Feuerflammen!
Die Stimme Jehovas erschüttert die Wüste!
Die Wüste Kadesch erschüttert Jehova!
Die Stimme Jehovas durchbebt Terebinthen,
Entblättert die Wälder,
Und alles ruft in seinem Tempel:
Majestät!

Jehova setzt sich zum Regenguß,
Jehova setzt sich, ein König auf ewig!
Jehova gibt Macht seinem Volk,
Jehova segnet sein Volk mit Friede! *)

---

*) Psalm 29.

Wohl das erhabenſte Lied von David, gedich=
tet auf die Größe GOttes, welche die Natur im
Gewitterſturme feiert. Mit heiligem Ernſt beginnt
der Dichter; groß ſind die Gedanken, die er in
den kühnſten Bildern ausſpricht und überraſchend
die Uebergänge in denſelben. Er hat die Natur
gezeichnet, treu und ſchön. Er wollte die Größe
GOttes beſingen, und hat uns die ſchönſte Blüthe
ſeines Geiſtes zurück gelaſſen.

Wer Götterſohn iſt, ſich ſtark und groß
fühlt, bringe Jehova Preiß. Nur der Gröſte kann
ſich zu dem Gröſten erheben. Er bete den Herrn
der Welten an in heiligem Schmuck, in feſt=
lichem Gewande, feierlich.

Stimme Jehovas über dem Waſſer!
ruft der Dichter abgebrochen, mit ſtarkem Ton,
aus, und bewegt das Gemüth, das ſich in Ruhe
verlor. Jehovas Stimme iſt der Donner,
er rollte über den Waſſern, den Wolken.
Auch an das Meer dürfen wir denken, auf dem
der Donner beſonders furchtbar erſchallt. Je mäch=
tiger der Donner wiederhallte, deſto prächtiger war
die Scene des Gewitters, erſchien GOtt in ſeiner
Größe.

Der Blitz kann auch die ſtärkſten Bäume zer=
ſchmettern. David nennt die Cedern Libanons,
als die höchſten und prächtigſten Bäume, die er
kannte. Sie hüpfen wie Kälber, wie

Söhne der Büffel, d. h. wie junge Stiere. Kühnes orientalisches Bild, zur Bezeichnung der heftigsten Bewegung der hohen Wipfel der Cedern bei einem Gewittersturme. Schirian oder Hermon ist der Name der östlichen Gebirgskette des Libanon.

Die Stimme Jehovas streut Feuerflammen, d. i. Blitze. Jehova kann nur im Feuer sprechen, aber seine Stimme erschüttert die Wüste — die ferne Wüste Kadesch. Sie durchbebet Terebinthen, entblättert die Wälder. Der Tempel, in dem die Priester, zur Zeit eines Gewitters, mit Beseitigung der Musick, sangen und beleben, hallte wieder von dem Bekenntniß der Majestät Jehovas.

Das Gewitter zieht vorüber. Jehova geht auf den Wolken nicht mehr; er setzt sich nieder, läßt nun regnen. Jehova ist ewig Regierer der Welt. Nun erhält er sein Volk und gibt ihm Macht; er segnet es mit Friede; es lebt im höchsten Glück. So schließt der Dichter das Gemählde von der Größe Jehovas mit der Macht und Glück seines Volks. Volk und Regent sind innigst mit einander verbunden.

3.

Von Aſſaph.

Davids Liebe für Muſick und Dichtkunſt hatte
nicht allein die öffentliche Verehrung Jehovas glänzend umgeſchaffen, ſondern auch eine Geſellſchaft
Männer gebildet, welche die ſchönſten Kräfte ihres
Geiſtes dem heiligen Geſange weihten. Unter dieſen zeichnete ſich beſonders Aſſaph aus; er war
Davids Sangmeiſter, dichtete herrliche Lieder, und
fügte ihnen zugleich die eingreifendſte Melodie bei.
Er war daher des Namens eines Weiſſagers, d. i.
eines Gottesweiſen auf der Harfe, werth. Hier
ſtehe ſein ſchönſter Lobgeſang auf Jehova:

GOtt iſt in Juda hochberühmt!
In Iſrael ſein Name groß!
Zu Salem iſt ſein Zelt,
In Zion ſeine Wohnung!
Dort zerbrach er Pfeile, Bogen,
Schild, Schwerdt und Kriegeswaffen.

Dn biſt glänzender, berühmter
Als die Raubgebirge!
Helden ſtahlen ſich hinweg,
Entſchlummerten —
Die tapfren Männer alle
Fanden ihre Händ' nicht mehr!
Von deinem Schelten, Jakobs GOtt!
Entſchlief der Reiter und ſein Roß.

Du Furchtbarer du!
Wer kann vor dir bestehen,
Wenn dein Zorn entglüht?
Vom Himmel läßt du hören
Deinen Richterspruch —.
Die Erd' erschrickt — und schweigt!
Auch wenn GOtt aufsteigt, Gericht zu halten,
Die Bedrückten all' im Lande zu befrei'n!
Menschengrimm bringt Ehre dir,
Vom Grimmigsten gürt'st du dir Beute an!

Thut Gelübde Jehova, eurem GOtt,
Und haltet sie!
Alle, die ihr um ihn seyd,
Bringt Geschenke da dem Schrecklichen!
Er raubt Helden = Muth,
Furchtbar ist er den Erdenkönigen!   *)

Es ist wohl mehr als Wahrscheinlichkeit, Assaph
dichtete diesen Psalm, als Zion, die Vestung von
Jerusalem, durch David erobert, und das, dorthin
verlegte, Heiligthum Jehovas eingeweihet wurde.

Noch blüheten Juda und Israel, durch Salem
zusammengehalten. Salem ist der älteste Name
von Jerusalem, ihm entspricht Zion, worauf sich
der Zelttempel Jehovas mit den Priestern befand,
als David die Jebusiter vertrieben hatte. Der

---

*) Psalm 76.

Dichter weiſet ſelbſt auf das Schlachtfeld hin, wo Jehova für die Iſraeliten focht, den Feinden ihre Waffen zerbrach.

Groß und wunderbar war der Sieg, den die Iſraeliten bei Zion davon trugen. Ein Felſenneſt war die Burg, aber den Belagerten, die ſonſt ſo tapfer ſtritten, entfloh der Muth, als ſie Davids ſtürmendes Heer erblickten; ſie fanden ihre Hände nicht mehr, ſie wußten ſich vor Angſt nicht zu vertheidigen; ſie entſchliefen. Nun iſt dem Dichter Jehova glänzender, berühmter, als die Raubgebirge — Libanon, Baſan u. a. die ihre Gipfel ſtolz erheben und Wohnſiß der Raubthiere ſind.

Jehova iſt furchtbar, wenn ſein Zorn entglüht, wenn der Donner rollt. Wir kennen dieſe Vorſtellung ſchon aus Davids Geſängen. Im Gewitter läßt er ſeinen Richter: ſpruch hören, ſo wohl für die, welche ſich des Tugendſinnes·, als auch für die, welche ſich der Bosheit bewußt ſind. Schön iſt der Ausdruck: beim Donner erſchrickt die Erde — und ſie ſchweigt! Wer mag dem Donner ant: worten? Je grimmiger die Feinde Jehovas, d. i. ſeines Volks waren, deſto größer war der Sieg, die Beute, die er verlieh. Der Sieger pflegte die Kleidung des Beſiegten anzuziehen, mit ſeinem Schwerdt ſich zu umgürten.

Für solchen Sieg und solches Glück haben die
Israeliten Gelübde des Dankes zu thun, aber
nicht leichtsinnig zu vergessen, sondern gewissenhaft
zu halten.   Durch Geschenke ehrte man Sieger;
durch Geschenke, Opfer, deren Rauch zum Him=
mel aufsteigt, ehre, danke man Jehova.   Wie
würde er sich sonst an den undankbaren Geretteten=
ten rächen — ist er doch furchtbar selbst den mäch=
tigsten Königen der Erde!

Ist die Empfindung in dieser Hymne Assaphs
nicht so zart und innig, wie in Davids Poesien,
so ist sie doch leidenschaftsloser, freier.   Assaph
mahlt nicht nach; er ist Künstler genug, ein Ge=
mählde nach eigner Phantasie zu entwerfen und
selbst zu vollenden.

4.

Von den Korahiten.

Den Korahiten werden mehrere Pfalmen zugeschrieben; sie waren unter den niedern Priestern das Chor, welchem die Aufführung der heiligen Gesänge oblag. Ob sie auch heilige Lieder selbst dichteten, wissen wir nicht. Wir aber verehren, mit stiller Bewunderung, den großen Sänger, der uns unter ihrem Namen, mehrere der erhabenßten Lieder zurückließ. Von seinem Dichtergenie zeuge die Hymne auf Jehova.

GOtt ist unsre Zuversicht und Macht,
Unsre Hilfe, groß erfunden in der Noth!
Drum fürchten wir uns nicht,
Wenn gleich die Erde bebt,
Und in des Meeres Mitte
Die Berge wanken,
Wenn sein Gewässer braußt,
Sich trübt, und Gebürge
Sein Ungestümm erschüttert!
Dennoch erfreu'n des Stroms Kanäle
Die Gottesstadt,
Des Höchsten heilige Wohnung.
GOtt thront in ihrer Mitte,
Sie kann nicht untergehen;
GOtt hilft ihr beim Blinken des Morgens.
Da beben Völker, Königreiche sinken,
Seine Stimm' erschallt und die Erde schmilzt!

Mit uns ist Jehova, der Welten GOtt,
Jakobs GOtt ist unsre Burg!
Geht, schaut die Thaten Jehovas,
Wie er Verwüstung anrichtet auf Erden,
Dann dem Kriege Ruhe gebeut
Bis an das Ende der Erde,
Den Bogen zerbricht,
Die Lanze zerschlägt,
Kriegswagen mit Feuer verbrennt!

**Laßt ab, und wisset, ich bin GOtt,
Erhaben über die Völker,
Erhaben über die Erde!**

Mit uns ist Jehova, der Welten GOtt,
Jakobs GOtt ist unsre Burg! *)

Recht hat der Dichter, in den höchsten Gefahren zeigt sich der Muth, das Vertrauen auf GOtt.
Und wie kann er die höchsten Gefahren stärker mahlen, als im Erdbeben, im Meeressturm?

Jerusalem ist die Gottesstadt, Jehovas heilige
Wohnung.   Des Stromes Kanäle, die
Wasserleitung, welche der Brunnen Siloam zur
Quelle hatte, werden der Stadt erhalten — folg-
lich Jerusalem selbst beglückt.   Auch vergleicht der
hebräische Dichter die göttlichen Wohlthaten oft mit

---

*) Psalm 46.

einem Strome, der durch eine Gegend fließt, ihr Waſſer gibt und ſie befruchtet. Jeſ. 23, 21. Joel 4, 18. Immer frühe genug ſieht Jehova auf ſeine heilige Stadt, ſchon beim Blicken des Morgens. Alle Feinde fürchten ſich vor den Iſraeliten, wenn Er nur ſeine Stimme, den Donner erſchallen läßt.

Jehova weiß der Erde Friede zu geben; er vernichtet die Krieg führenden Feinde, zerbricht ihren Bogen und Lanze.

Nun läßt der Dichter den Weltengott Jehova ſelbſt zu Iſraels Feinden ſprechen, ſie beſcheiden zurückzuziehen: laßt ab, wiſſet, ich bin GOtt.

Wie konnte der Dichter nun anders ſchließen, als daß Jehova den Iſraeliten angehöre, daß er ꜘre Burg ſey, ſie ihm unerſchütterlich vertrauten! i

Das Gedicht iſt ſchön nach Materie und Ordnung. Wie es beginnt, ſo redet es auch mit dem Vertrauen auf GOtt. Sein Gang iſt raſch und groß; die gewählten Bilder ſind feurig und ſprechend. Die Macht Jehovas iſt in den ſtärkſten Ausſprüchen gezeichnet.

Wir bedauern, daß wir den Namen des großen Dichters nicht wiſſen, doch Name iſt ja hier nur Rauch, umnebelnd Himmelsgluth. Geiſt lebt und feſſelt.

5.

5.

Von einigen ungenannten Dichtern in der Psalmenlese.

In der Psalmenlese kommen mehrere Hymnen vor, welchen kein Name an der Stirne, und die weder David, noch einem andern bekannten Dichter, mit Recht, zugeschrieben werden dürfen. In welches Zeitalter sie auch immerhin gehören mögen, wir verweilen bei ihrer inneren Schönheit.

Lobe meine Seele, Jehova!
Jehova, mein GOtt, wie groß bist du!
Mit Pracht und Glanz bekleidet!
Hüllst dich in Licht, wie in ein Kleid,
Spannst wie ein Zelt den Himmel aus;
Baust deinen Wohnsitz dir
Hoch über Wasserwolken.
Die Donnerwolken sind sein Wagen,
Er fliegt dahin auf Windes Flügeln.
Zu seinen Boten macht er Winde,
Zu seinen Dienern Feuerflammen.

Er gründete die Erde
Auf ihre Säulen; sie wanket ewig nicht.
Wie ein Gewand bedekte sie das Meer,
Auf Bergen stand die Fluth.
Vor deinem Schelten floh es zurück,
Verschwand vor deines Donners Hall'!

Da stiegen Berge auf und Thäler sanken,
Zum Ort, den du für sie gegründet:
Du setzest feste Gränze ihm,
Die es nicht überschreiten darf,
Und nie deckt es die Erde wieder!

In Thälern läßt du Quellen rieseln,
Sie fließen zwischen Bergen hin.
Sie tränken alles Wild des Feldes,
Waldesel löschen ihren Durst.
Der Lüfte Vögel nisten über ihnen
Und singen unterm Laub hervor!

Von deinem hohen Wohnsitz
Wässerst du die Berge.
Mit Früchten, die du schaffst,
Wird die Erde satt.
Gras läßt du wachsen für das Vieh
Und Kräuter zum Genuß der Menschen,
Läßt Brod hervorgehn aus der Erde
Und Wein, der's Menschen Herz erfreut,
Sein Antlitz glänzender als Salböl macht —
Und Brod, des Menschen Herz zu stärken.

Jehovas Bäume werden getränkt,
Libanons Cedern, die er gepflanzt,
Damit darauf der Vogel nisten mag.
Der Reiger baut auf Tannen sich sein Haus.
Der Steinbock flieht auf hohe Berge,
Die Bergmaus eilt in Felsenklüfte.

Er schuf den Mond zur Zeitbestimmung,
Die Sonne kennet ihren Untergang.

Du führest Finsterniß herbei,
Die Nacht ist da.
Nun regen sich des Waldes Thiere all';
Nach Beute brüllt der junge Löwe,
Heischt seinen Unterhalt von GOtt.
Die Sonne gehet auf — sie fliehn zurück,
Und lagern sich in ihren Höhlen.
Dann geht der Mensch zu seiner Arbeit wieder,
An sein Ackerwerk, bis auf den Abend.

Wie viel sind deiner Werke doch,
O Jehova!
Mit Weisheit all' von dir geschaffen!
Voll deiner Güter ist die Erde!
Dies Meer wie groß und breit!
Wie wimmelt's ohne Zahl!
Von Thieren klein und groß!
Dort wandeln Schiffe hin
Und Meeres Ungeheuer scherzen,
Von dir geschaffen,
Sie alle warten nur auf dich,
Daß du ihnen Speise reichst zu seiner Zeit.
Wenn du ihnen gibst, so sammlen sie
Wenn du öffnest deine Hand,
Wird des Guten jedes satt.

Birgst du dein Angesicht: so beben sie;
Nimmst du ihren Odem weg, so sterben sie

12 *

Und kehren in den Staub zurück.
Du hauchest deinen Odem aus
Und sie sind geschaffen,
Der Erde Antlitz formt sich neu.

Verherrlicht werde GOtt in Ewigkeit!
Es freue sich Jehova seiner Werke!
Er blickt die Erde an — sie zittert,
Berührt die Berge — und sie dampfen.

Mein Lebenlang sing ich Jehova drum,
Ertönen soll mein Saitenspiel
Ihm, meinem GOtt, so lang' ich bin!
O möchte ihm mein Lied gefallen!
Ich werde mich Jehovas freuen!
Daß doch die Sünden von der Erde schwänden,
Kein Missethäter· wäre mehr!
Jehova preise meine Seele,
Gelobt sey GOtt! *)

---

*) Psalm

6.

Von Habakuk.

Habakuk lebte zur Zeit, als der judäische Staat durch die Chaldäer schon zerstört war. Er selbst seufzte im Exil, und sehnte sich nach den vaterländischen Fluren. Nachdem er seiner Brust, in wehmuthsvollen Klagen Luft gemacht, sieht er die Unglückswolke, welche über die Chaldäer zusammenbricht. Wie freut und hebt sich jetzt sein Herz! Es ergießt sich in dem feyerlichsten Preis, gesang Jehovas.

Jehova, ich hörte dein Gerücht,
Mir schaudert's!
Dein Werk, Jehova, beleb' es
In der Jahre Mitte,
In der Jahre Mitte mach' es bekannt!
Doch denk' im Zorne an Barmherzigkeit!

Gott schreitet her von Theman,
Der Heilige von Pharans Berg.
Es kleidet seine Majestät den Himmel,
Und seiner Hoheit ist die Erde voll!
Sein Glanz ist wie die Sonne,
Es schiessen Stralen aus seiner Hand
Und dies ist nur die Hülle seiner Macht.

Vor seinem Angesicht geht her die Pest,
Es folgen seinen Füßen Raubvögel nach.

Da weilt er, und die Erde wankt,
Er schaut, und Völker beben auf.
Es zerstieben uralte Berge,
Der Vorzeit Höhen sinken nieder,
Wo er vor Alters zog.

In Aengsten sah' ich Kuschans Hütten,
Die Zeltesdecken zittern
Im Lande Midian.

Ist auf die Ström' ergrimmet Jehova?
Gilt Strömen seiner Nase Hauch?
Dem Meere dieser Zorn?
Daß du besteigest deine Rosse,
Und deinen Siegeswagen?

Du blösest deinen Bogen
Und sättigst dein Geschoß!
Es spricht.
Mit Strömen spaltest du das Land!
Es seh'n die Berge dich und zittern,
Die Wasser rollen überschwemmend hin.
Der Abgrund brüllt, hebt hoch die Hand empor.
In ihrer Wohnung weilen Sonn' und Mond.
Beim Glanzlicht deiner Pfeile schwinden sie,
Beim Blitzgeschosse deiner Lanzen!

Im Zorne schreit'st du über's Land daher,
Im Grimme drisch'st du Nationen!
So ziehst du aus zum Heile deines Volks,
Zu retten, die geweiht dir sind!

Du wirfeſt ab den Gipfel
Von des Böſewichts Hauſe,
Entblöſeſt ihn von Grund bis an den Hals!
Durchbohrſt mit deinem Stabe
Ihrer Führer Haupt,
Die ſtürmten mich· zu tödten —
Frolockend ſchon, als hätten ſie verſchlungen
Den Schwachen in der ·Höhle!
Da fuhren deine Roſſe durch das Meer,
Durch große ſchwellende Gewäſſer!

Ich hört's; mir zitterte der Leib!
Meine Lippen bebten vor dem Geſchrei,
Schauder drang durch mein Gebein,
Ich wankt' auf meinen Füßen,
Der ich doch ruhen ſollte am Drangſalstage,
Wenn er heraufſteigt wider dieſes Volk,
Das uns verheeren will.

Dann wird kein Feigenbaum mehr ſproſſen,
Kein Weinſtock Früchte tragen,
Der Oelbaum täuſcht die Mühe,
Die Fluren bringen nichts zur Speiſe,
Das Schaf wird aus den Hörden weggeriſſen
Und auf der Streue ruht kein Rind.

Und doch will ich mich in Jehova freuen,
Will jauchzen über meinen Rettergott.
Jehova, der Herr, iſt meine Kraft,
Gibt mir Füße wie den Hirſchen,

Zu schreiten über meine Höhen!

Ihm rühre ich mein Saitenspiel! *)

Unstreitig ist diese Hymne eine der erhabensten und prächtigsten, die wir besitzen. Sie läßt sich mit der göttlichen jedes andern Volks abwägen. Welche schöpferische Phantasie blickt nicht aus dem ganzen Gedicht hervor? Wie groß sind nicht die gewählten Bilder? Wie überraschend die genommenen Wendungen — wie bestimmt und eingreifend alle Worte? Klar liegt der Innhalt des Gedichts vor Augen: die Größe Jehovas im Sturze der Feinde seines Volks, der Chaldäer, wenn gleich hin und wieder einzelne Wendungen und Worte mit einer leichten Hülle umgeben sind.

Der Dichter hatte ein Gerücht vernommen, vor dem es ihm schaudert, daß Jehova den Chaldäern den Untergang bereit; Perser und Meder waren gegen sie im Anmarsch. So schauderhaft dieses Gerücht war — denn der Kampf zwei mächtiger Völker um ihre Größe oder Vernichtung ist mit großer Verwüstung begleitet — so wünscht der Sänger dennoch die Wahrheit desselben. Belebe es, ruft er flehend aus, in der Jahre Mitte, lasse das Unglück über die Dränger der Judäer

_____

*) Habak. Kap. I.

bald einbrechen. Unverkennbar ist hier eine sehn=
suchsvolle Heftigkeit ausgesprochen, doch kann das
menschliche Gefühl nicht ganz unterdrückt wer=
den. Habakuk bittet, daß Jehova seines Volkes
Feinde, die zugleich seine eigenen Feinde waren,
mit Barmherzigkeit strafen möge.

Sein Gebet fühlt er erhört. Mir erscheint
Jehova als Richter? Er kommt in der höchsten
Pracht und Majestät von seinen heiligen Sitzen,
Theman, Pharan, hergeschritten. Im schreck=
lichen Gewitter zieht er auf, wie in den alten
Zeiten, bei der Gesetzgebung am Sinai. Dem
Dichter schwebt Mose heiliger Gesang 5. Mos.
32, 2. vor, aber die dort gebrauchten Bilder ge=
hen unter seiner Hand verjüngt und verschönert
hervor. Der Himmel steht in Feuer; Jehovas
Glanz ist wie die Sonne; es schießen Strahlen=
Blitze aus seiner Hand und dieß ist nur die
Hülle seiner Macht! So mahlerisch und doch so
stark, bedeutungsvoll hatte Moses nicht gezeichnet.

Ehe Jehova im verheerenden Wetter erschien,
brach unter den Chaldäern die Pest aus. Raubvö=
gel waren im Gefolge, die Leichname zu verzeh=
ren. Verwüstend sind Jehovas Blicke, Blitze,
Pestilenz; sie machen die Völker erbeben. Vor
seinem Donner sinken uralte Berge nieder,
Sinai, Seir, Pharan, Basan, auf welchem er
vor Alters herzog.

Bei diesem furchtbaren Schauspiel zittern selbst die entferntesten arabischen Hirtenvölker, Kuschöer, Midianiten; sie fürchten, es gelte ihnen.

Iſt auf die Ström' ergrimmet Jehova? ꝛc. fragt der Dichter und gibt, durch diese kühne Wendung dem Gedicht einen hohen Fortgang. Nicht gegen Seehandelnde Völker, gegen Sidonier, Tyrier, ſtreitet diesmal Jehova. Sein Siegeswagen iſt der Donnerwagen, von dem er verwüſtende Blitze ſchleudert.

Jetzt mahlt der Dichter ſeinen Jehova ganz als Krieger. Auf ſeinem Siegeswagen, denn er kann nur ſiegen, blöſet, ſpannt er ſeinen Bogen und das Geſchoß wird mit Blut geſättigt. Es ſpricht von GOttes Macht, denn groß iſt die Verwüſtung, die es unter den Feinden anrichtet.

Aber wie kommts, daß das Land mit Strömen geſpalten iſt, da Jehova Pfeile abſchießt? Die Natur iſt im Schrecken. Wolkenbrüche bilden plötzlich neue Ströme; das Waſſer rollt überſchwemmend hin, der Abgrund, das weite Meer brüllt, hebt hoch die Hand empor, d. i. wirft hohe Wellen. Schönes Bild! Das Wellenthürmen iſt dem Dichter ein Aufheben der Hände zum Weltengott, um Schonung zu Erflehen.

Das Wetter ist so erschrecklich, daß Sonne und
Mond sich nicht zu zeigen wagen, sie weilen
in ihren Wohnungen. Die Blitze, die in
der Hand des Kriegsgottes jetzt Pfeile und
Lanzen sind, durchkreuzen sich zu furchtbar.

Und wozu diese verwüstende Stürme in der
Natur? Jehova bricht, vernichtet in
seinem Grimme Nationen, die Feinde seines
Volks, die Chaldäer. Er zieht zum Heile seines
Volks, er will die ihm geweihten Judäer
befreien, retten.

Wie ergeht es nun dem Hause, dem Pallaste
des Bösewichts, des chaldäischen Königs?
Ihm wird der Gipfel abgeworfen, das ganze Ge=
bäude von Grund aus zerstört. Haus heißt in
dem Sprachgebrauch der Morgenländer, der auch
zu uns übergegangen ist, oft so viel als Familie.
Die chaldäische Königsfamilie geht unter. Dem
Anführer ihrer Krieger wird der Kopf durchbohrt.
Schon frohlockten sie, die schwachen Judäer ganz
zu verschlingen; jetzt hat sich die Scene verändert.
Jehova kam seinem gedrückten Volke, plötzlich, im
Sturm, sehr furchtbar zur Hilfe.

Der Dichter zitterte, indem er sich den zerstö=
renden Schlag über die Chaldäer denkt, mehr we=
gen der Verheerungen des Kriegs, als wegen des,
ihm willkommenen Untergangs seiner Feinde. Er
sieht die Zeit, wo kein Feigenbaum mehr sproßt,

kein Weinstock Früchte trägt ꝛc. wo das ganze
Land die Spuren des verwüstenden Krieges zeigt.

Doch, auch bei diesem schauerlichen Anblick,
fühlt der Dichter Beruf, sich seines Jehova zu
freuen, denn die judäische Nation steigt aus den
Trümmern wieder auf; das Vaterland ist frei —
und so wendet er auf die ungesuchteste Weise die
Hymne zum Ende. Jehova ist seine Kraft
— er spricht im Namen seines ganzen Volks —
von ihm erhält er Geschwindigkeit, wie ein Hirsch,
bald schreitet er über Judäas Höhen, er ist in
den vaterländischen Fluren.

Alle konnte der heilige Sänger würdiger und
gerundeter schließen, als

Jehova rühr' ich mein Saitenspiel!

6.

Sieges Gesänge.

I.

Mose Siegesgesang am arabischen Meerbusen.

Kein Gesang entstand natürlicher, als der Siegsgesang. Wer freut sich nicht nach höchster Anstrengung, nach erkämpftem Siege? Das Herz hüpft, die Lippen strömen über; das erste, abgebrochene Jauchzen ist der Anfang zum Gesang.

Den ältesten Kriegsgesang haben uns die Hebräer aufbehalten. Als Moses sein Volk glücklich aus Aegypten und durch den arabischen Meerbusen geführt hatte; als Pharao mit seinem Heere, durch nächtliches Dunkel und Unbesonnenheit, in den Fluthen dieses Busens umkam; als durch diesen glänzenden Sieg die Freiheit der Israeliten auf immer entschieden war, da wäre Moses, der für Freiheit, GOtt, Volksglück glühende Mann nicht mehr gewesen, der er wirklich war, wenn sein Herz geschwiegen hätte. Er fühlte das hohe Gut, das er seinem Volke errungen hatte, in und für Jehova lebte und wirkte, nicht ohne eine höhere Unterstützung hätte er siegen mögen. Da stieg sein Geist zu Jehova auf, und dichtet ihm ein hohes Siegeslied, klingend, rauschend, schmetternd, wie das Waffengetön.

Es ist ein Chorgesang; zuerst wurden einige Strophen von dem männlichen Chor, unter Moses Anführung, abgesungen, und diese wieder von dem weiblichen Chor, an deren Spitze Mirjam, die Schwester des Heerführers, stand, singend mit Flöten und Pauken wiederholt. Die erste Stimme hebt die Thaten GOttes an, die andere faßt sie auf, und läßt sie gleichsam verhallen.

Ich singe Jehova,
Der erhaben, erhaben ist!
Roß und Wagen stürzt er ins Meer!

Mein Macht, mein Lobgesang ist GOtt!
Zur Hilfe kam er mir!
Dies ist mein GOtt, ich sing' ihm Lob,
Dem Väter GOtt, ich preiß' ihn hoch!

Jehova ist mein Kriegesheld,
Jehova ist sein Name!
Die Wagen Pharaon's und seine Macht
Warf er ins Meer.
Seiner Führer Erlesenste
Sanken ins schilfge Meer.

Die Fluthen bedeckten sie,
Zu Boden sanken sie, den Steinen gleich.
Deine Rechte Jehova,

Durch Macht so groß,
Deine Rechte, Jehova, schlug den Feind.

Du, von so hoher Kraft,
Zerschmettertest Empörer!
Du liesest deinen Zorn ausgehen,
Der sie wie Stoppeln fraß.

Durch deiner Nase Schnauben
Thürmten sich die Wasser,
Wie Fluthenhaufen standen sie,
Es starreten die Wellen im tiefen Meer.

Schon sprach der Feind: verfolgen will ich sie,
Will sie erhaschen, zur Beute theilen,
An ihnen kühlen meinen Muth,
Ich will mein Schwerd ausziehen,
Und meine Hand soll sie vertilgen.

Da hauchte dein Wind,
Sie bedeckte das Meer!
Wie Blei versanken sie
In der gewaltigen Fluth!

Wer gleicht dir unter den Göttern, Jehova?
Wer ist wie du in Heiligkeit erhaben?
So furchtbar = preißlich und wundermächtig?

Du recktest aus die Hand,
Die Erde schlang sie auf.
Du leitest liebreich dein befreites Volk,
Mit Macht führst du es hin
Zur Wohnung deiner Herrlichkeit!

Dies hören Völker, und erbeben,
Angst ergreifet die Bewohner
Vom Philisterland.
Die Fürsten Edoms beben schon.
Die Tapfern Moabs fasset Todesangst,
Zerschmolzen stehn Kana'ns Bewohner all.

Laß Furcht und Todesschrecken auf sie fallen!
Vor deinem mächtigen Arm
Verstummen sie wie Steine.
Bis daß dein Volk, Jehova, durchgezogen,
Bis daß hindurchgezogen dein dir erkauftes Volk.

Führe sie, pflanze sie,
Auf deinem Erbgebirge,
Dem Orte deiner Wohnung,   *)
Die du dir selbst bereitetest, Jehova,
Zum Heiligthum, o Herr,
Von deiner Hand gebaut!
Jehova herrscht ein König in Ewigkeit,
In Ewigkeit!

Alle Chöre.

Mit Roß und Wagen zog Phar'o aus,
Mit seinen Reutern in das Meer.
Da ließ Jehova über sie kommen
Fluthen im Meer!
Doch Israels Söhne giengen trocken hindurch
Mitten im Meer! **)

---

*) Das gebirgige Kanaan wird als der eigentliche
Wohnsitz Jehovas angesehen.

**) Richt. 5.

2.

2.

Deboras Siegesgesang.

Da sang Debora
Und Barak Abinoams Sohn.
Am Siegestage sangen sie so.

I. 1. Entlöset seiner Bande ist Israel!
Freiwillig wagt' das Volk den Kampf,
Dafür singt Jehova Preis!

2. Hörts Könige! Fürsten vermehrts:
Ich — ich will singen Jehova
Will spielen Jehova dem GOtt Israels!

3. Jehova — da du von Seir auszogst,
Majestätisch von Edoms Gefilden:
Da erbete die Erde, der Himmel troff,
Wassergüsse entströmten den Wolken
Berge zerflossen vor Jehovas Antlitz,
Dieser Sinai vor Jehovas Antlitz,
Des GOttes Israel!

4. Zur Zeit Samgars, Anaths Sohn;
Zu Israels Zeit feierten die Straßen,
Fußsteige blieben dem Wandrer,
Ihm nur gekrümmte Abwege.
Es gebrach an Führern in Israel,
Es gebrach —

Bis ich aufstand Debora,
Ich aufstand die Mutter Israels!

5.   Sie hatten sich fremde Götter gewählt,
Da stürmt vor den Thoren der Krieg.
Und war nicht Schild, nicht Lanze zu sehn
Unter den vierzig tausenden Israels.

6.   Doch ich faßte Muth zu Israels Helden,
Zu denen, die sich wagten im Volk.
Lobet Jehova!
Die ihr auf buntgefleckten Mäulern reitet,
Im Gerichte sitzet —
Die ihr am Weg der Gabe harret —
Stimmt Jubeltöne an.

7.   Stimmt in der Hirten Gesang,
Die bei den Tränkrinnen Beute vertheilen.
Hier ertönen die Thaten Jehovas,
Die Thaten seiner Felden in Israel.
Kehr wieder Jehovas Volk in die Thore,
Die du verließest.

II.   8. Auf, Debora, wohlauf.
Flügle dich zum Siegesgesang,
Auf, Barak! beginn den Triumpf,
Du Sohn Abinoams!

9.   Wie zog ein Häuflein den Starken
                                entgegen,
Jehovas Volk dem Hügel entlang,

Wider der Mächtigen Haufen.
Von Ephraim zogen, Amaleks Bewohner,
Hinter ihnen schloß sich Benjamin an.
Von Machir kamen Kriegesführer,
Von Sebulon, zum Streit erkohren all'.
Es folgteu Debora Isaschars Helden,
Isaschar stärkte den Barak,
Nacheilend ihm in das Thal.

10   An Rubens Bächen war tiefer Rath!
Was saßest du da bei den Härden?
Zu hören das Blöcken der Schafe?
An Rubens Bächen war Ueberlegens viel!

11.   Gilead, jenseit des Jordans, war ruhig.
Auch Dan — wie mags bei den Schiffen
verweilen?
Ruhig sitzt Asser am Meeres Gestade,
An seinen Hafen blieb es.
Nur Sebulons Volk wagt sein Leben
dem Tod,
Im Schlachtfeld Naphthalis Heer.

12.   Es kamen Könige und fochten,
Es fochten Kanaans Könige
Zu Thanach, am Wasser Megido;
Ihre Lust nach Silber stillten sie nicht.

13.   Denn es stritten die Himmel,
Es fochten die Sterne
Aus ihren Bahnen wider Sissera.

13 *

Der Bach Kison wälzte sie weg,
Der in der Vorwelt berühmte Bach Kison.
Auf Helden tret' ich muthig daher!
Da tönten die Hufen der Rosse,
Als geflügelt stürzten die Helden.

14.   Flucht Meros, spricht der Bote Jeho-
                             vas,

Flucht Flüche über ihre Bürger.
Sie kamen nicht Jehova zu Hülfe,
Zur Hülfe Jehovas unter den Helden!

15.   Gesegnet unter den Weibern sey Jael,
Die Frau des Keniters Heber;
Vor den Weibern in Zelten sey Glück ihr.
Er forderte Wasser — Milch gab sie ihm,
Geronnene Milch in kostbarer Schale.
Nahm den Nagel in die Linke,
Griff mit der Rechten zum schweren
                         Hammer hin,
Schlug auf Sissera, durchschlug ihm das
                         Haupt,
Zerschmettert, durchbohrt ihm die Schläfe;
Zu ihren Füßen krümmt' er sich,
Fiel und lag.
Vor ihren Füßen krümmt er sich,
So hingekrümmt lag er grausend da.

III 16.   Jetzt schaute durchs Fenster Sisseras
                         Mutter,
Rief ängstlich harrend des Sohnes am
                         Gitter;

Warum doch säumet sein Wagen zu
        kommen?
Warum hör ich das Rollen der Räder
        noch nicht?
Die Klügsten der Zofen antworteten ihr,
Und sie wiederholte sich selbst ihre Worte:
Theilen sie nicht die errungene Beute?
Ein Mädchen auch zwei für jeden Mann?
Für Sissera buntgefärbte Gewänder,
Gestickte Kleider, in Purpur getaucht;
Bunte, zweimal gestickte Tücher,
Halsschmuck der Pferde?

IV. 17. So müssen untergehn all' deine Feinde
  O Jehova!
    Die aber lieben dich, seyn wie die Sonne,
    Wenn sie im Morgenroth aufgeht!

Der Anfang des Gedichts zeigt schon den Inn=
halt des ganzen Lieds an. Wir haben nicht Ur=
sache, etwa erst drüber zu schreiben: Gesungen
für Israels Befreiung. Die Dichterinn
ganz voll des Gegenstandes, den sie besingt, voll
des großen Tages, der einer der denkwürdigsten
in den Annalen der hebräischen Nation war,
stimmt sogleich, ohne lange Prämission, Sieges=
ton, lauten Triumpf:

Entlößet seiner Bande ist Israel.
Worte, gleichsam als Thema zum Ganzen.

Durchaus von diesem hohen Gedanken durchdrun-
gei, sang Debora dies trefliche Lied das mit
Recht für ein Meisterstück der Dichtkunst und eine
Zierde der heiligen Schriften der Hebräer zu halten ist.   Erhabenheit der Gedanken, Flug der
Phantasie, kühnes morgenländisches Dichterfeuer,
beissende Ironie, bittere Satyre, verbunden mit
einer gewissen gefälligen Leichtigkeit und Naivität
empfehlen es jedem Freunde der schönen Poesie.
Zum weitern Verfolgen der Schönheiten dieses
Siegsgesang gebe ich hier nur einige Winke.

Israel ist ein feines Volk — aber es hatte
durch eigene Schuld, seine Freiheit verloren.   Es
war unter die Oberherrschaft des kananitischen
Königes Jabin gekommen.   Nach langem Druck
erwacht in ihm wieder das Verlangen nach der
väterlichen Freiheit.   Ohne sich zu den Waffen
zwingen zu lassen, ergreift es diese freiwillig, und
wagt den Kampf.   Es siegt.   Wer stritt für
Israel? Wer war mit ihm im entscheidenden Augenblick? Jehova, der GOtt der Freiheit, der
von einem freien Hirtenfürsten, von Abraham,
zuerst verehret wurde, Jehova, der den mächtig
herangewachsenen, aber in Aegypten sclavisch unterdrückten Hebräer Stamm, durch Mose, wieder
in Unabhängigkeit setzte.

Jauchzend ruft die Dichterinn:
Entblößet seiner Bande ist Israel!
Aber Jehova mischte sich unter die Streitenden;

er half zum Sieg. Daher gebührt ihm, dem
alten GOtt der alten Freiheit, zuerst des Volkes
Dank und Preiß:

> Für Sieg und Freiheit singt Ichova
> Preiß!

Der Dichter, von der Wichtigkeit der gewon=
nenen Freiheit fortgerissen, ruft Könige und Für=
sten auf. Der besiegte König Jabin und die be=
nachbarten kananitischen Fürsten sollen zu ihrer
Beschämung das stolze Triumphlied mit anhören.
So ruft Moses in seinem Abschiedslied (5. Mos.
32, 1.) gleich ächt dichterisch:

> Vernehmt ihr Himmel meine Rede,
> Es hör' die Erde meines Mundes
> Wort!

So läßt Homer (Iliad. Ges. 3. V. 276 —
280.) den Sohn Atreus ausrufen:

> "Vater, herrschend von Ida herab du
> mächtigster, größter.
> Und du Sonne, die alles siehest und
> alles hörest,
> Flüsse, Erde und Götter, die ihr im
> Schoße der Erde,
> Jeden Gestorbenen straft, der falsche
> Eide geschworen!
> Seyd ihr Zeugen —"

Zweimal sagt die hebräische Heldinn:

Ich, ich will singen Jehova —

anzudeuten, wie ernst ihr der große Gegenstand
sey. Sie ist der einzige starke handelnde und
schöne Geist in Israel. Sie versteht heroische Unternehmungen zu wagen, und die gelungenen Thaten im Waffenklirrenden Tone mit erhabener und
lieblicher Dichtung darzustellen. Nur sie kann daher allein Jehova würdig besingen.

Nun fängt in der dritten Strophe des
Gesangs, wie Herder sagt (in s. Briefen das
Studium der Theol. betr. Th. I. S. 113.),
das Lob von Zeiten an, von denen auch späterhin die schönsten Siegeslieder beginnen, vom Zuge
Israels in der Wüste, von seiner Gesetzgebung,
und den ersten herrlichsten, wunderbarsten Siegen.
Moses selbst hat dazu 5. Mos. 33, 2. den An-
klang gegeben:

   Vom Sinai kam Jova her,
  Von Seir zog er aus
  Von Pharans Berg stralt er daher,
  Er kam mit unnennbarer Pracht
  In der Rechte sein Feuergesetz!

Diesem Gemälde gleich dichtet die begeisterte
Sängerinn:

   Jehova da du von Sein auszogst,
  Majestätisch von Edoms Gefilden:

Da erbebte die Erde, der Himmel troff,
Waffer entftrömten den Wolken,
Berge zerfloffen vor Jehova,
Diefer Sinai vor Jehovas Antlitz
Dem GOtt Ifraels!

So wie du Jehova einft, bei diefer feierlichen
Gefetzgebung, deine ganze Pracht und Majeftät,
unter Blitz und Donner, zeigteft, wie du da die
ganze Nation erfchüttertest: fo bezeigft du dich
auch jetzt als Götter GOtt gegen deine Feinde.

Wohl treffend darf der 18te Pfalm V. 8. — 16.
über diefe Stelle als Kommentar empfohlen wer=
den. Mit innigem Gefühle der Anbetung mahlt
uns hier der Dichter das Schrecklich = Feierliche
diefer Naturerfcheinung. Und vergleichen wir mit
diefen hohen Dichtungen Virgils Aeneide Gef. 3,
V. 90. ff.

Kaum war geredet das Wort; da er=
zitterte plötzlich die Gegend,
Schwellen umher, und Lorbeergebüfch
und es bebte von Grund auf
Rings der Berg; dumpf fcholls in ent=
fchloffener Höhl' um den Dreifuß;
Demuthsvoll finkt alles zur Erd; und
es tönet die Stimme: —

Wie weit kühner und erhabener find die Bilder
der fingenden Heldinn! —

Berge zerflossen vor Jehovas Antlitz —
sie scheinen gleichsam vor seinem Blicke zu ver=
schwinden.

Und wie schön der Ausdruck:

Dieser Sinai da vor Jehovas Antlitz!

In der feurigen Phantasie sieht die Dichterinn
mit eigenen Augen den Sinai vor sich, nachdem
sie sich ganz in die Urzeit versetzt. Die Poesie
ist mit Mimick verschwistert, und orientalische Poe=
sie ist besonders ganz mimisch. Durch sinnliche
Nachahmung drückt der Dichter seine innere Ge=
fühle aus. So deutete Debora, mit aufgehobe=
ner Hand, nach dem Sinai hin, als sie, mit
ihrem Chor, das schönste, eigene Triumphlied
sang.

Ganz elegischen Tones ist die vierte und
fünfte Strophe. Die Dichterinn schildert den
traurigen Zustand ihres Volkes. Das Land war
unsicher, die Straßen öde, wer sich aus seinem
Hause wagte, suchte Schleichwege. Die obrigkeit=
liche Gewalt lag danieder, es zeigten sich keine
muthige Volksführer. Seufzend wiederholt die
Heldinn die Klage: Ach, an Führern ge=
brachs!

Aehnlich den traurigen Worten:

Zu Jaels Zeit feierten die Straßen —
beginnt, innigen Antheil erregend, unser Meister=
sänger Göthe, seinen Hermann und Doro=
thea:

Hab' ich den Markt und die Straßen
doch nie so einsam gesehen!
Ist doch die Stadt wie gekehrt!
wie ausgestorben! —

Da kein israelitischer Mann, als Führer des
Volks, auftreten mag und kann: so muß sich
Debora, zwar dem Geschlecht nach ein Weib, aber
dem Geiste nach ein Mann, unter demselben er=
heben. Nun ward sie, wie Moses, der Vater
der Israeliten war, die Mutter derselben — die
neue Schöpferinn und Erhalterinn der National=
freiheit, zu ihrer Zeit die einzige Pflegerinn der
Gerechtigkeit.

Schön ist der Parallelismus in dieser Strophe.
Die Straßen feiern — nur Fußsteigen blei=
ben dem Reisenden zu gehen, auf den Heerstraßen
darf er nicht wandern, zu seinr Sicherheit sucht
er gekrümmte Abwege. Dann das doppelte:
es gebrach, es gebrach! — gleichsam in einem
Athemholen der Empfindung; — und nun der
zweimalige Jubelausruf: bis ich aufstand, ich
aufstand. Wie vollkommen nach der menschli=
chen Natur gezeichnet! Im Affekt pflegen wir unsre
Worte zu wiederholen. "Sobald sich das Herz er=
gießt, strömt Welle auf Welle. Es hat nie aus=
geredet, hat immer etwas neues zu sagen. So=
bald die erste Welle sanft verfließt, oder sich präch=

tig bricht am Felsen, kommt die zweite Welle wie=
der." *)

Wie kams, daß die sonst mächtigen Israeliten
unter das Joch der schon einmal besiegten Karani=
ter gedrückt wurden? Die Ursache sagt uns die
fünfte Strophe:

Sie hatten sich fremde Götter gewählt!

Indem sie den jehovaischen Gesetzen untreu wur=
den, sanken sie bald in Weichlichkeit und Feigheit,
und wurden von ihren benachbarten Feinden be=
kriegt und unterjocht. In ihrer Unterdrückung hat=
ten sie sich alle Waffen nehmen lassen. Nun konn=
te sie der Tyrann nach Gefallen behandeln.

So weit Deboras klagender Ton. Jetzt erhebt
sich ihr Lied wieder, bricht in lauten Jubel und
Triumph aus.

Sechste Strophe. Debora saßte endlich zu
einigen Tapfern unter den Israeliten, Muth. Sie
beschickte sie, und sie kamen. Dafür soll die gan=
ze Nation Jehova loben. Nun lesen wir eine
schöne Umschreibung der Hohen und Niederen, der
Reichen und Armen im Volke:

*) S. Herder von Parallelismus der Hebräer
im Geist der hebr. Poesie Th. I. S. 24.

Die ihr auf buntgefleckten Mäulern reitet,
Im Gerichte sitzet —
Die ihr am Weg' der Gabe harret —

Alle werden zur Theilnahme des Sieges aufge=
fordert, alle sollen sich der wieder errungenen Nati=
onal = Freiheit, alle sich ihres Jehovas freuen.

Siebente Strophe. Haben die räuberischen
Nomaden einen reichen Volksstamm besiegt, oder
eine handelnde Karavane geplündert: so singen sie
am Abend, beim Tränken der Heerde, die Beute
vertheilend, ein jauchzendes Siegeslied. Die gesieg=
ten Israeliten mögen gleichen jubelnden Siegesge=
sang anstimmen; — aber dessen Wiederhall sey:
Jehova! Er hat im Kampfe gestritten, den Sieg
erfochten. Durch ihn glückten die Thaten seiner
Helden in Israel. Jetzt:

Kehr wieder Jehovas Volk in die Thore,
Die du verließest!

Freudig können die Israeliten wieder in die
Städte, die sie aus Furcht vor den Feinden verlas=
sen hatten, urückkehren. Nun dürfen sie nicht mehr
auf gekrümmten Abwegen wandeln. Sie siegten,
ihnen ist die Freiheit, die Herrschaft wieder.

Achte Strophe. Nach der gegebenen dichte=
rischen Einleitung, will die Dichterinn die furcht=
bare Schlachtscene beschreiben. Der Geist soll den
höchsten Aufflug wagen, die große That würdigst

befingen.   Darum weckt fie fich felbft anreizend
mit dem Aufruf:

> Auf Debora, wohlauf,
> Flügle dich zum Siegesgefang.

Barak foll.den Triumpf beginnen, fie im Ju=
belgefang unterftüten.

Die Dichterinn ftrebt im Aufflug des Geiftes
gleichfam den tapfern Kampf noch einmal zu kämp=
fen.   Daher der Strom der Rede, das Erhabene
und doch fo fließende Harmonifche ihrer Worte.
Sie verlieren fich in dem Triumpf über die Feinde.

Aber von welcher Macht wurde das furchtbare
Heer des fieggewohnten Siffera überwunden?

Ein Häuflein zog den Starken ent=
gegen!

Und aus welchen ifraelitifchen Stämmen hatte
fich das Häuflein gefammelt?   Aus Ephraim,
denn Debora war eine Ephraimitinn; ihrem
Stamme konnte fie zuerft Muth einhauchen.   Die
Tapfern deffelben zogen vom Gebirge der alten
Amalekiter herab, an fie fchloß fich Benjamin
an.   Machir, d. i. Manaffe und Sebulon
ftellten auserlefene Leute, fähig im Heer anzufüh=
ren.   Ifafchar und Naphthali gaben tapfere
Helden, die Barak folgten, nicht gehend, fondern
ihm nacheilend ins Thal des Streites.   Debora

die Heldinn, die Mutter Israels nennt die Tapfern der einzelnen Stämme, wie sie sich zu ihr sammelten, fühlend den Druck der Despoten, nach republikanischer Freiheit sich sehnend. Mit Lob werden sie alle von ihr bezeichnet.

Zehente Strophe. Nun geisselt aber auch Debora mit bitterm Spott die feigen Stämme, die am Kampfe für die Nationalfreiheit keinen Antheil nahmen. Ruben lebte der Viehzucht und pflegte sich in fauler Ruhe; mochte nicht aufstehen auch nicht nach langer Betrachtung Wie spöttisch und beissend:

An Rubens Bächen war tiefer Rath!
Was saffest du da bei den Härden?
Zu hören das Blöcken der Schafe?
An Rubens Bächen war Ueberlegens viel!

Eilfte Strophe. Ganz Gilead, das Volk des Enkels Manasse fand aber so wenig Veranlassung, am Kriege für die Unabhängigkeit der Nation Theil zu nehmen. Dan blieb bei seinen Schiffen am Japhes Hafen, noch frei von Jabins Joche, einen feindlichen Angriff oder Landung nicht fürchtend: So auch Asser. Sie haben keinen Sinn für das allgemeine Wohl des ganzen israelitischen Staats; ihr besonderes Interesse steht dem allgemeinen immer voran.

Nur Naphthalis Volk wagt sein Leben dem Tod,
Im Schlachtgefild Naphthalis Heer!

Zwölfte Strophe. Die Schlacht beginnt,
Kanaans große Könige fochten; das Schlachtfeld
war am Wasser Megido, d. i. am Bache
Kison, der am Fuße des Berges Tabor entsprang,
und durch das Thal Esdrelon, welches auch das
Feld Megido heißt, floß, und folglich in einem
Gedichte recht fein das Wasser Megido genannt
werden konnte. — Nach reicher Beute, nach Silber schnaubten die Kaniten:

Doch ihre Lust stillten sie nicht!

Dreizehnte Strophe. Wie mochte das
Häuflein Israeliten über mächtige und gierige Könige siegen?

Es stritten die Himmel,
Es fochten die Sterne,
Aus ihren Bahnen wider Sissera;
Der Bach Kison wälzte sich weg,
Der in der Vorwelt berühmte Bach
Kison!

Welch kühne Dichtung! Wenige Israeliten
konnten nicht siegen, wenn der Himmel nicht mit
ihnen war. Aber Jehova ließ sein himmlisches
Schlachtheer, die Sterne gegen Sisseras Uebermacht auftreten, diese brachten den Feinden
Schrecken

Schrecken und Unglück, den Freunden Muth und
Sieg. Schon vorhin war der Bach Kison ange-
schwollen; jetzt fanden in ihm die fliehenden Feinde den Untergang, da sie durch ihn, mit ihren
Streitwagen, nicht jagen konnten, wie oft sie es
auch versuchten. Welche Demüthigung dem stolzen Tyrannen! Welcher Sieg der Heldinn Debora! Sie geht auf Leichen einher:

> Auf Helden tret' ich muthig daher!
> Da tönten die Hufe der Rosse,
> Als geflügelt stürzten die Helden!

Wie giengs nun dem fliehenden Feinde, der
sich von dem verderblichen Kison wegwandte?
Wurde er ganz vernichtet?

Vierzehnte Strophe

> Flucht Meros, spricht der Bote Jehovas,
> Flucht Flüche über ihre Bürger,
> Sie kamen nicht Jehova zu Hülfe,
> Zur Hülfe Jehovas unter den Helden!

Was Meros war? und wo es lag? können
wir, aus Mangel historisch = geographischer Nach-
richten, nicht bestimmen. Aber die israelitische
Stadt mag, in der Nähe des Schlachtgefildes,
gelegen haben, eilte bei der Flucht der Feinde den
Israeliten nicht zu Hülfe, baute wohl noch den
Fliehenden eine goldene Brücke. Debora war
ein Engel Jehovas, der einzige wirkende Geist in

14

Israel. Fluch und Verderben spricht sie über die Jehova, der Nation treulose Bürger aus. War nun Sissera durch die Flucht dem Tod entgangen?

Fünfzehnde Strophe.

Gesegnet unter den Weibern sey Jael,
Die Frau des Keniters Heber;
Vor den Weibern in Zelten sey Glück
    ihr.
Er forderte Wasser — Milch gab sie
    ihm,
Geronnene Milch in kostbarer Schale.
Nahm den Nagel in die Linke,
Griff mit der Rechten zum schweren
    Hammer hin,
Schlug auf Sissra, durchschlug ihm
    das Haupt,
Zerschmettert, durchbohrt ihm die
    Schläfe;
Zu ihren Füßen krümmt er sich,
Fiel und lag,
Vor ihren Füßen krümmt er sich,
So hingekrümmet lag er grausend da.

Hier keine Strafpredigt über Jaels That; wir haben vor uns Siegsgesang, bei dessen inneren Schönheiten wir weilen. Wie nachbildend und gegenwärtig ist die Beschreibung von der arglistigen Ermordung Sisseras! Statt kühlendem Wasser gab ihm Jael berauschenden Trank. Betäubt

liegt er auf ihrem Lager, ganz in ihrer Ge=
walt will sie ihn der Nation auf immer unschäd=
lich machen. Sie hat keinen Spieß, um ihn zu
ermorden, Nagel und Hammer sind ihre Waffen,
durch die Hand eines Weibes soll er sterben.

Da nahm sie den Nagel in die Linke,
Grief mit der Rechten zum schweren
Hammer hin,
Schlug auf Sissera, durchschlug ihm
das Haupt —

Läßt sich gegenwärtiger, natürlicher nachbilden?
Mit durchbohrten Schläfen krümmt sich der stolze
Despot zu ihren Füßen, will sich noch einmal er=
heben, fällt, liegt — hingekrümmt liegt er grau=
send da.

Das Heer ist geschlagen, wie kommts nach
Hause? Wie wird der Triumphirer Sissera er=
wartet?

Jetzt schaute durchs Fenster Sisseras
Mutter,
Rief ängstlich harrend des Sohnes
am Gitter;
Warum doch säumet sein Wagen zu
kommen?
Warum hör' ich das Rolle der Räder
noch nicht?

Tiefer Zug im Herzen der Mutter! Sie ist die Erste, die Unglück ahnet ; mit Sehnsucht erwartet sie den Sohn zurück. Die Weiberscene geht immer noch fort im Munde des Weibes:

Die Klügsten der Zofen antworteten ihr,
Und sie wiederholte sich selbst ihre Worte:
Theilen sie nicht die errungene Beute?
Ein Mädchen auch zwei für jeden Mann?
Für Sissera Bunt gefärbte Gewänder,
Gestickte Kleider in Purpur getaucht;
Bunte, zweimal gestickte Tücher,
Halsschmuck der Pferde?

Der Contrast dieser Schilderungen vollendet den bittersten Spott. Die Feinde wollten rauben und — wurden geschlagen. Durften die Sieger sie nicht höhnen? Debora, ein Weib, war die große Heldinn des Tages; ihr Geschlecht in Israel kam in Gefahr, die schönsten Mädchen fielen in die Hände der Feinde, wenn diese gesiegt hätten. Triumphirend, führt sie nun Sisseras Mutter, aus spottender Verachtung, recht weiblich eitel redend ein, und in spöttischem Tone wird ihr wieder geantwortet.

Auf die schönste Prosopopöie, folgt nun auf einmal, ganz unerwartet, die eingreifendste Apostrophe:

So müssen untergeh'n all' deine Feinde,
O Jehova!
Die aber lieben dich, seyn wie die Sonne,
Im Morgenroth aufgehend!

Ein Siegesgesang ohne seines Gleichen, in dem vom Anfang bis zum Ende die schönste Haltung ist. Nur Debora, die große Heldinn, kann die Dichterinn dieses Gesangs seyn, nur ein Weib, wie sie, mit der ihr eigenen Energie des Geistes. Der weibliche Charakter leuchtet in starken Zügen hervor, sowohl bei Zeichnungen des Vorfalls der Nation, als des Sieges und bittern Hohns.

Sehr richtig bemerkt Herder, *) in dem Gesang der Debora finden sich statt pindarischen Strophen drei Haupttheile: V. 1. bis 11. der Eingang, oder Vorgesang, vermuthlich mit öfterm Zuruf des Volks unterbrochen: V. 12. — 27. das Gemählde der Schlacht, die Hernennung der Stämme mit Lob und Tadel, hin und wieder ganz mimisch; endlich vom V. 28. — 30. der Spott auf den Triumph des Sissera, ebenfalls nachahmend, bis der letzte Vers, wahrscheinlich als Hauptchor, alles schließet. Da alle wilde Nationen, bei ihren Siegsfesten, die vornehmsten Begebenheiten, in nachahmendem Gesange, feiern: so ist das Aehnliche bei diesem Gesange unverkennbar.

*) Vom Geist der hebräischen Poesie Th. 2. S. 270.

3:

Triumphgesang über den König von Babylon.

Wie ruht der Dränger nun!
Wie ruht der Golderpresser!
Zerbrochen hat Jehova
Der Frevler Stab,
Die Ruthe der Tyrannen!
Die Völker schlug im Grimme
Mit Schlägen ohne Zahl,
Und wüthend herrschte über Nationen,
Verfolgend ohne Widerstand!

Nun ruht und rastet alle Welt;
Es tönen Jubellieder!

Auch die Fichten freu'n sich dein,
Die Cedern Libanons.
" Seitdem du liegst, steigt Niemand mehr
Herauf, um uns zu fällen. "

Das Todtenreich dort unten bebt vor dir,
Bei deiner Ankunft dir entgegen.
Es weckt die Schatten vor dir auf,
Die Böcke all' der Welt, und läßt aufstehen
Von ihren Thronen alle Völker Könige!

Sie alle hoben an zu ihm zu sprechen:
„ Entkräftet bist auch du geworden, so wie wir?
Bist uns geworden gleich?„

Hinabgestürzt zur Todtenwelt ist nun dein
Volk,
Mit deinem Harfen Klang.
Dein Lager unter dir ist Moder
Und Würmer sind nun deine Decke!

Wie bist du doch, o Morgenstern,
Der Dämmerung Sohn, herabgefallen
Von deinem Himmel!
Und wie zur Erde hingeworfen
Du Völkerbändiger!

In deinem Herzen dachtest du:
„Den Himmel will ich noch ersteigen,
Erhöhen meinen Thron hoch über GOttes Sterne,
Mich setzen auf den Versammlungs=Berg
Im fernsten Norden dort!
Ueber Wolkenhöh'n will ich aufsteigen,
Dem Allerhöchsten mich gleich machen!"

Und du bist nun hinabgestürzt ins Todtenreich,
Hinunter in die tiefste Gruft!

Die dich erblicken, seh'n dich
Mit der Bedeutung an:
„Ist das der Mann, vor dem die Erde bebte?
Und Königreiche zitterten?

Der einst die Welt zur Wüste machte,
Der ihre Städte legt' in Schutt,
Und den Gefangenen nicht öffnete den Kerker!"

Alle Könige der Völker, sie alle
Ruhen doch mit Ehren,
Ein jeder dort in seiner Gruft!
Dich aber schleuderte man weg von deinem Grabe,
Gleich dem verworf'nen Sprößling, — —
Umhüllt von Leichen, die das Schwerdt erwürgte
Und deren Gruft man wirft mit Steinen zu — —
Warst du, wie ein zertretner Leichnam,
Im Grab' nicht ihnen beigesellt;
Denn du verwüstetest dein Land,
Und mordetest dein Land!

Nicht ewig nenne man der Bösewichter Brut!
Ein Blutbad richtet ihren Kindern zu,
Ob ihrer Väter Missethaten!
Nie sollen sie aufstehen wieder,
Beherrschen nie die Erde,
Mit Städten nie der Welt = Antlitz erfüllen!

"Ich selbst will mich erheben wider sie,
Spricht GOtt, der Weltenherrscher,
Ich will vertilgen Babel, seinem Namen nach,
Und alles was darinn vorhanden ist;
Den Sohn und Enkel, spricht Jehova!
Zum Igelsitz will ich es machen,
Zum Wassersumpf, ich will es senken

In den Abgrund des Verderbens."
So spricht Jehova, der Weltenherrscher! *)

Gefallen war endlich Babylon, der Sitz der alten Weltherrschaft. Cyrus hatte es, nach langer Belagerung, erobert, und seinem letzten König Naboned, von den Hebräern Belsazar genannt, Leben und Zepter genommen. Hierdurch wurde das, in die babylonischen Staaten verpflanzte israelitische Volk von seinem harten Joche befreit. Es bekam sein Vaterland, seinen Tempel und seine freie Wirksamkeit wieder. Veranlassung genug über den Sturz des tyrannischen, babylonischen Reichs ein Triumphlied zu singen. Der unbekannte Dichter legt es in den Mund seines Volks.

Der Tyrann ist gefallen! – Mit diesem Gedanken beginnt und schließt der Siegesgesang voll bittern Spottes. Israels Volk sieht auf seinen jetzt ruhenden Dränger und Golderpresser hin. Warum ruhet Babylons König? War er doch sonst im Quälen und Gelderpressen seiner zu beherrschenden Völker unermüdet? Jehova hat ihm den Herrscherstab zerbrochen, das Reich des Tyrannen hat ein Ende. Babylon verfolgte und beunruhigte die Nationen in der Nähe und Ferne. Seitdem es fiel, ist allgemeine Stille unter ihnen. Sie werden von Cyrus mit Weisheit regiert. Voll Freude über ihre Befreiung singen sie Jubellieder.

----

*) Jes. 14, 4 – 23.

Nicht blos die Menschen freuten sich ob Ba=
bylons Fall, auch die Fichten und Cedern Liba=
nons rufen frohlockend: Seitdem du liegst,
steigt Niemand mehr herauf, um uns
zu fällen; sie fürchten nicht mehr die Axt des
fremden Herrschers. Oft genug mögen die baby=
lonisch = chaldäischen Tyrannen die uralten, starken
und prächtigen Cedern und Fichten auf dem Ge=
birge Libanon zu Schiffen, Häusern, Bollwer=
ken zc. umgehauen haben. Von Sanherib wis=
sen wir dieß namentlich. S. Jes. 37, 24. 25.
Es ist ein schönes Bild, daß hier die Bäume em=
pfindend und sprechend dargestellt werden. Eine
ähnliche Personification gibt uns Virgil Ecl. V.
V. 62 — 64.

> Selbst schon heben entzückt ihr Jubelgetön zu den
> Sternen
> Ungeschorene Berge, ja selbst lobsingen die
> Felshöhn,
> Selbst auch die Bäume der Flur —

Nicht genug, daß der vom Throne gestürzte
babylonische König auf der Erde verachtet ist,
auch in der Unterwelt läßt ihn noch der trium=
phirende Dichter verspotten. Die Schatten der
im Todtenreich sich befindenden mächtigen Könige,
welche der Sänger, nach der starken Bildersprache
des Orients, Böcke der Erde nennt, werden
aus ihrer Ruhe geweckt; sie erbeben zuerst bei der
Ankunft des berühmten allgewaltigen Herrschers

von Babel, bald aber verwandelt sich ihre Furcht in Verachtung, als sie denselben in seiner jetzigen Ohnmacht erblicken. Sie rufen ihm hämisch zu: bei deiner ehemaligen Allgewalt hätten wir glauben sollen, du würdest ewig auf der Erde bleiben, und jetzt bist du entkräftet, Schatten geworden, wie wir!

Nun mahlt der Dichter den vorigen glücklichen Zustand des entseelten Königs, und setzt ihn, um des Contrastes willen, seiner jetzigen Erniedrigung entgegen. Gedemüthiget ist der Stolze; seine Lustbarkeiten haben ein Ende. Einst ruhte er auf weichen Polstern, jetzt liegt er unbegraben, und Moder ist sein Lager. Er ist nicht mehr der glänzende Morgenstern, gefallen ist der Dämmerung Sohn, zur Erde hingeworfen der Völkerbändiger! Gros und kühn waren noch vor kurzem seine Plane; er wollte bis zum Himmel aufsteigen, noch über den Sternen auf dem Versammlungsberge der Götter seinen Thron errichten. *) Er wollte ein Gott seyn — und mußte ein Schatte werden.

___

*) Fast alle Nationen haben die Idee von einem Götterberg, der über die Wolken ragen sollte. Bekannt sind aus den Mythen der Griechen und Römer Atlas, Olymp, Ida als Göttersitze. Der hebräische Dichter setzt den Versammlungsberg der Götter in den äussersten Norden, wohl nach der alten Vorstellung, der Himmelgränze mit dem äussersten Norden zusammen. Die Alten hatten den Glauben, die Erde erhebe sich

Noch einmal läßt der Dichter den gedemüthig=
ten Tyrannen von den Königs = Schatten anreden:
Iſt das der Mann, vor dem die Erde
bebte? ꝛc. Wer ihn anſieht, ſtaunt über die
plötzliche Verwandlung. Nicht einmal eine Gruft
erhielt er, die doch dem gemeinſten Krieger zu
Theil wird. Als Verwüſter des Vaterlands, als
Erwürger ſeines eigenen Volks, verdiente er ſie nicht.

Nun folgt die ſtarktönende Apoſtrophe zur Lehre
und Warnung: Nicht ewig nenne man der
Böſewicht'er Brut; ſchrecklich iſt das Ende
der Böſewichter! Noch die Kinder haben die
Verbrechen ihrer Väter zu büſen.

Immer iſt Jehova der höchſte Herrſcher und
Richter der Welt. Babel hatte ihm ſein Volk,
die Iſraeliten weggeführt und gedrückt, hatte Greuel
auf Greuel gehäuft, ſelbſt dem Himmel geſpottet;
dafür werde es vernichtet, ein Igelſitz, ein Waſ=
ſerſumpf! Jehova ſpricht ſelbſt; er will es in den
Abgrund des Verderbens ſtürzen. Und ſo redet
der Siegsgeſang im feierlichſten Tone.

---

immer mehr gegen das Polargeſtirn zu, ſo wie
ſie ſich nach Süden hin ſenke. Daher ſingt
Virgil:

Wie die Welt nach Scythia hier und dem ſtei=
len Schipäus
Aufſteigt, ſinket ſie dort zu Libyas Sand' und
dem Südwind.
Dieſer Pol ragt über uns ſtets; doch jenen er=
blicket
Unter dem Fuß die umnachtete Styx und die Gei=
ſter der Tiefe.

4.

Triumphgesang über Babylon.

Herunter! — setz' dich in den Staub,
O Jungfrau! Tochter Babels!
Setz' dich zur Erde nieder,
Hast keinen Thron mehr, Chaldäas Tochter!
Man nennt dich hinfort nicht wieder
Die Zarte die Weiche!
Ergreif' die Mühl' und mahle Mehl,
Leg' deinen Schleier ab,
Laß die Locken fliegen,
Entblöße deine Schenkel,
Durchwate die Ströme!

Deine Schaam soll aufgedecket
Und gesehen deine Blöse werden!
Rache will ich nehmen,
Kein Mensch soll mich erbitten!

Unser Rächer ist Jehova!
Weltenherrscher ist sein Name,
Der Heilige in Israel!

In die Stille setze dich hin,
Geh' in die Dunkelheit, Chaldäas Tochter!
Nicht förder wirst du heissen
Der Königreiche Herrscherinn!

Wohl zürnt ich auf mein Volk
Und ließ entweih'n mein Eigenthum,
Ich übergab sie deiner Hand!
Da zeigtest du kein Mitleid ihnen,
Auf Greise legtest du dein schweres Joch.
Du wähntest: " ewig bin ich Gebieterinn; "
Drum kam dir dieß nicht in den Sinn,
Du dachtest solches Ende nicht.

So höre denn Wollüstige dieß an,
Die du in Sicherheit versenkt,
Im Herzen denkst: " ich bins, und keine sonst!
Nie werd' ich Wittwe seyn, nie kinderlos! "
Es soll dich beides plötzlich treffen,
An einem Tage, Kinderlosigkeit und Wittwenstand!
Vollkommen wirt dichs treffen,
Trotz deiner Zaubereien Menge,
Und der Beschwörungskünste grosser Zahl!

Auf deine Schalkheit trauest du
Und dachtest: " Man sieht mich nicht! "
Doch deine Weisheit, dein Verstand
Bethörten dich! Du sprachst:
" Ich bins ja, und sonst keine! "

Drum kommt nun Unglück über dich,
Das du nicht wegzuzaubern weißt,
Und Jammer nicht zu söhnen, stürmt auf dich.
Ja, plötzlich kommt dein Untergang,
Und siehst ihn nicht!

Tritt nun mit deinen Gaucklern auf
Und mit der Zaubereien Menge,
Die du von Jugend auf so emsig treibst!
Vielleicht vermagst du dir zu helfen,
Vielleicht kannst du dich wiedersetzen.

Doch deiner vielen Plane bist du müde! —
So treten, rettend dich, die Himmelstheiler auf,
Die Sternbeschauer, die nach dem Monde wissen,
Was dir begegnen wird,

Jedoch den Stoppeln gleich frißt sie das Feu=
er auf;
Ihr Leben können sie nicht retten
Von der Gewalt der Flamme —
Gewiß nicht eine Gluth, sich dran zu wärmen,
Kein Feuer, dran zu sitzen! —

So werden sie, mit welchen du dich müh=
test,
Und so die Zauberer,
Mit denen du's von Jugend auf schon hieltest,
Ein jeder irrt umher, wohin er kommt.
Und keiner wird ihm Retter seyn! *)

Ein neuer Triumphgesang über Babel. Der
Sturz dieses mächtigen Reichs, nach der Erobe=
rung der Hauptstadt durch Cyrus, war für die

---

*) Jes. 47.

Hebräer so folgenreich, daß mehr als ein Prophet
derselben zum jubelnden Siegeslied gestimmt wer=
den mußte. Der Dichter legt das vor uns lie=
gende Triumphlied seinem Gotte Jehova selbst
in den Mund. Wie in dem vorigen bitterer Spott
der Hauptton war, so auch in diesem.

Der begeisterte Sänger stellt Babylon als eine
ehemals reizende, wollüstige, eitle, herrschsüchtige
junge Frau dar. Sie stand auf einer eingebilde=
ten festen Höhe — und wurde von derselben herab=
gestürzt. Frohlockend ruft ihr Jehova zu: Herun=
ter! Setz' dich in den Staub. Du bist ge=
demüthiget, entehrt. Die Tochter Babels
und Chaldäas, die Hauptstadt der Babylonier
und Chaldäern, hat keinen Thron, keine Herr=
schaft mehr. Ihre Schönheit verloren, ist sie
nicht mehr zart und weich, reizend und anzie=
hend zu nennen. Sie ist als Gefangene Scla=
vinn geworden; als solche hat sie auf der Hand=
mühle Mehl zu mahlen. Durch den Schleier kann
sie nicht mehr ihre Reize erhöhen als Sclavinn
muß sie unverhüllt gehen, ihr Haar ungelockt hän=
gen lassen, durchs Wasser waten, die widrigsten
Dienste verrichten. Ihre Schaam ist aufge=
deckt, sie ist jeder Mishandlung Preis gegeben.
So ward die reizende, stolze Frau geschändet —
Babylon erobert und entehrt.

An Babylon hat Jehova unerbittliche Rache
genommen. Jehovas Volk weiß schon warum.
Die

Die Rache ist ihm so süß, darum läßt es der Dichter zu seinem GOtt ausrufen: Unser Rächer ist Jehova! Weltenherrscher ist sein Name, der Heilige in Israel! Nicht Babylons Götter beherrschen die Welt; Jehova ist der Weltenherrscher, der Heilige einzig Große und Anbetungswürdige.

Jehova ergreift den frohen Ausruf seines Volks; das sonst geräuschvolle Babylon wurde still, es gehe in die Dunkelzeit über, werde vergessen. So höre es auf, der Königreiche Herrscherinn zu heissen; schon hatte es aufgehört.

Nun erklärt Jehova selbst die Ursache von Babylons Sturze. Er hatte auf sein Volk gezürnt, die Israeliten mußten wegen ihren Vergehungen gezüchtigt werden, er gab sie unter die Oberherrschaft der Babylonier, diese mißbrauchten aber die Gewalt, drückten sie ohne Mitleiden, und legten selbst auf die Greise, die Kraftlosen, ihr schweres Joch mit unerbittlicher Strenge. In dem Gedanken: wir sind ewig die Gebieter der ganzen Welt, glaubten sie jede Greuelthat begehen zu dürfen. Dafür spricht Jehova, als der einzige und wahre Beherrscher der Welt, die Drohung an Babylon aus: So höre dann Wollüstige dieß an 2c.

Wie sich Babylon durch Macht, Reichthum und Künste auszeichnete, so auch Wollust, Weichlich-

Zeit und Ueppigkeit. Je weiter es sein Reich ausdehnte, desto sorgloser regierte es, es war in Sicherheit versenkt. Von Stolz betaumelt, gab es unbesonnen zu verstehen: ich bin's, und keine sonst! die einzige, glänzendste Hauptstadt der Weltmonarchie — nie werd' ich Wittwe seyn, nie kinderlos! nie werde ich meine Könige, Einwohner und Provinzen verlieren. — Schön traut der Dichter die Könige dem reizenden Weibe Babel als Gemahle an. Die eroberten Provinzen und Städte mit deren Bewohnern, sind die Kinder ihrer fruchtbaren Ehe.

Was Babylon nie erwartete, wird plötzlich geschehen. An einem Tage verliert es seinen König, seine Provinzen und Bürger. Der Dichter sagt dieß in dem fortgesetzten Bilde, Babylon, die eitle Frau, trift plötzlich Wittwenstand und Kinderlosigkeit. Nichts vermag sie zu retten, keine Zaubereien; die verehrten Ostrologen und Wahrsager können keinen Rath geben, um das Unglück abzuwenden. Der Jammer stürmt über Babylon, plötzlich kommt sein Untergang, und sieht ihn nicht. So war es geschehen. Als die Babylonier freudetrunken das Fest aller Götter feierten, drang Cyrus in der Nacht, unversehens und plötzlich zu den Thoren der Stadt ein.

Nun ergießt sich der Dichter, im bittersten Hohne, über die Astrologen Babylons, die, nach ihrer gerühmten großen Kenntniß vom Himmel, aus den Gestirnen die großen Veränderungen und Erscheinungen auf der Erde vorhersagen zu können wähnten, und doch das ihrer Hauptstadt drohende Unglück weder zuvor sahen, noch durch irgend ein Mittel wegzuzaubern im Stande waren. Die Gaukler, Himmelstheiler, Mondeskündiger können sich selbst nicht helfen, sie werden von dem furchtbaren Kriegsfeuer verzehrt. Wer von ihnen entflieht, irrt umher, wird nirgends aufgenommen, findet keinen Retter. Solche unerbittliche Rache hatte Jehova an Babylon genommen! Welch' trauriges Ende für die stolz Sprache: Ich bins, und keine sonst!

7.

Oden.

Nah an die Hymne schließt sich die Ode. Sie hat mit ihr die Energie des Gefühls, den freien Schwung der lieblichen Phantasie, die lebendigste Bildersprache und ungewöhnliche, überraschende Darstellung gemein. Aber sie unterscheidet sich dadurch von ihr, daß religiöse Empfindungen nicht durchaus in ihr wehen, und die Gottheit nicht ihr nothwendiger Gegenstand ist. Freude ist das Wesen der Ode, die in kurzen, aber klagenreichen Sätzen ausgesprochen wird. Daher hat sie mehr Musick, als jede andere Dichtungsart. Auch die hebräischen Dichter haben uns Oden gegeben, ohne sie gerade mit diesem Kunstnamen zu benennen. Eine der vortreflichsten ist der 45ste Psalm.

Frohen Gesangs wallt mir das Herz auf!
Dem König ist mein Lied geweiht!
Dem Griffel des geübten Schreibers
Ist meine Zunge gleich!

Du blühst der Schönste von den Erdensöhnen!
Auf deinen Lippen ist
Die Anmuth ausgegossen.
Drum wirst du stets ein Liebling GOttes seyn!

Als Held umgürte
Mit dem Schwerdt die Hüfte!
Das ist deine Ehre,
Das ist dein Geschmuck!

Solchen Geschmucks zeuch nur beglückt hin,
Um Wahrheit willen
Und um der Unterdrückten Recht.
Dann wird deine Rechte dich Wunder lehren!

Deine Pfeile sind scharf —
(Wie stürzen die Völker dir nieder!)
Sie bringen in das Herz
Der Königs Feinde.

Dein Thron Herr, steht
Zu ewigen Zeiten fest.
Denn ein gerechtes Zepter,
Ist das Zepter deines Reichs!

Du liebst das Recht, das Unrecht hassest du.
Drum hat dich, Herr! dein Gott gesalbt
Mit Freudenöle mehr
Als deine Thronsgenossen!

Von Myrrhen, Aloe und Kassia
Duften deine Kleider,
Dir tönen vom Zahnenpalaste
Die freudigen Saiten!

Königstöchter sind zu deinem Schmuke.
Dir stralet an der Seite

Im goldnen Geschmeide
Von Ophir, die Braut!

Hör' an, o Jungfrau, schau, neig' her dein Ohr!
Vergiß dein Volk und deines Vaters Haus.
Es wird der König sich nach deinen Reizen sehnen.
Er ist dein Herr, verehre ihn!

Und Tyras Töchter werden dann
Mit Geschenk vor dir erscheinen,
Und huldigen werden dir
Die Reichesten des Volks!

Ganz Schönheit ist die Königstochter
Ist im Verborgenen
Viel schöner noch,
Als ihr aus Gold gewirktes Kleid.

Die Reichgeschmückte wird,
Zum Könige geführt.
Jungfrauen folgen ihr,
Begleiterinnen ihr, Gespielinnen!

Sie werden eingeführt
Mit Freudenschall, mit Jubeltanz,
Jetzt gehen sie hinein
In den Pallast des Königs.

Statt deiner Väter werden dir
O Königinn, nun deine Söhne seyn!
Zu Fürsten wirst du setzen sie
Im weiten Land umher!

Ich aber will besingen
Deinen Ruhm durch aller Zeiten Zeit!
So werden dich die Völker preisen.
In Ewigkeit! in Ewigkeit!

Offenbar gehört dieser schöne Gesang in das Zeitalter Salomos, und wurde gedichtet, als ihm die ägyptische Prinzessinn aus dem Serail zugeführt (1. Kö. 3, 16. 11, 1.) und öffentlich am Hofe für seine Gemahlinn erklärt wurden.

Mit den frohesten Empfindungen beginnt das Lied. Es war dem Könige gesungen, und ihm weiht es daher der Dichter ganz schicklich. Er wünscht nur daß es, des Königs würdig, schön und fließend werden möge. So flehen auch die Dichter der Griechen und Römer, beim Anfang ihrer Gesänge, die Musen um Beistand an.

Zuerst wendet sich der Dichter zu dem jungen Könige. Er preiset dessen Schönheit und Grazie, dessen Muth und Heldenstärke. Wie wird nicht Salomos Schönheit in den hebräischen Geschichts= büchern gerühmt. Leibesgröße, Schönheit, Muth und Stärke galten für Charaktere eines Königs, und machten ihn zum Liebling der Gottheit. Schön= heit fesselt, und Stärke gibt jeder Unternehmung Nachdruck. Alles Schöne und Große gehört der Gottheit an.

Nur tritt Salomo als Held auf. Schwerd und Pfeile sind seine Waffen und sein Schmuck. Geht er seinen Feinden entgegen, so stürzen sie in Haufen nieder. Er hat sich furchtbar gemacht. Sein Thron steht ewig fest. Doch nicht einzig durch die Macht der Waffen. Sein Zepter, seine Regierung ist gerecht; er liebt das Recht, ihm ist das Unrecht verhaßt. Welche Auszeichnung verdient er? Er kam vor seinen Brüdern auf den Thron, Gott salbte ihn mit dem Weihöl; die Priester thatens, ihm wurde, unter Jubel, die Krone. Jetzt umgibt ihn, als König, die höchste Pracht; die schönsten Kleider liegen für ihn da, sie duften die feinsten Gewürze. Aus Pallästen, ausgeschmückt mit Elfenbein, — es wird in der einfachen Sprache der Hebräer vorzugsweise Zahn genannt — tönt ihm, in süßer Melodie, das freudigste Saitenspiel. Gros ist die Zahl der ihm angehörenden Jungfrauen, sogar Fürsten Töchter vermehren seine Hofpracht; aber eine hat er sich erkohren, die Schönste, die Liebste, als Braut und Gemahlinn steht sie ihm zur Seite, gekleidet im feinsten, ophirischen Goldgeschmeide.

So hat sich der Dichter den Augenblick herbeigeführt, die Braut, die ägyptische Königstochter anzureden. Sittsam spröde und furchtsam wagte sie nicht den Schleier zu heben, und den liebenden, verlangenden Blicke des Königs zu begegnen. Fast schien es, als setze sie Heimweh in Traurigkeit. Der Sänger will sie erwecken, ermuntern. Sie ist des schönsten, mächtigen Königs Gemahlinn; sie vergesse ihr heimisches Volk, Aeltern und Ael-

ternhaus; der König liebe sie, er sehne sich nach
ihren Reizen, auch sey er ihr Herr, darum müs=
se sie ihn verehren.   Bald würden die benachbar=
ten Völker um ihre Gunst buhlen, sogar die Töch=
ter von dem stolzen Tyrus ihr reiche Brautgeschen=
ke bringen, um ihre Freundschaft zu gewinnen;
die Reichsten, der Adel des Volks würden ihr
huldigen.   Schmeichelnd nähert sich ihr der Dich=
ter immer mehr.   Ganz Schönheit ist die
Königstochter!   Sie glänzt im Gold durch=
wirkten Kleide, aber noch reitzender ist sie im
Verborgenen, in der nackten Form des Kör=
pers.   Mit dem höchsten Pompe wird die Reich=
geschmückte zum Könige geführt, ein Zug Jung=
frauen, ihre Begleiterinnen und Gespielinnen, folgt
ihr nach.   Unter Gesang und Tanz kommt sie in
den Pallast, ins Brautgemach.   Ihre Liebe wird
gesegnet seyn; in einer großen männlichen Nach=
kommenschaft lebt sie fort.   Ihr erstgeborner
Sohn erbt den väterlichen Thron; die übrigen
werden als Fürsten, als Statthalter über Pro=
vinzen im Reiche gesetzt.

Der Dichter berührt alle Seiten des Herzens
der Königsbraut, um sie für ihren Gemahl zu
gewinnen.   Er schmeichelt ihrer Schönheit und
Sittsamkeit, ihrer Eitelkeit und Lust, und führt
sie wonnetrunken in die Arme des liebenden Kö=
nigs.   Seinem Könige war das Lied geweiht.
Dessen Ruhm will er immer lobsingen, und noch
die Völker in fernen Zeiten in den Lobgesang ein=

stimmen. Wie die Ode künstlich und feierlich an=
fieng, so endigt sie auch. Schöne, wohlriechende
Blume im Kranze eines unbekannten hebräischen
Dichters!

8.

Elegien.

I.

Davids Klaggesang auf Saul
und Jonathan.

Die Dichter der Hebräer sangen nicht immer
Lieder der Freude, lebten sie doch in keiner Welt
des ungetrübten Freudengenusses; oft wurden sie
im Blick auf traurendes Vaterland und leidende,
verlorne Freunde, und im Gefühle eignen Schmer=
zes in tiefe Wehmuth versetzt. War der erste
Eindruck des heftigen Leides vorüber, so öffneten
sich ihre Lippen zu der süßen Klage. — Mehrere
der vortreflichsten Klaggesänge haben wir von
David, Jeremias, dem unbekannten Sänger
von Hiob und andern. Besonders zeichnen sich
Davids Elegien aus; wie er zur höchsten Freude
gestimmt werden konnte, so auch zur tiefsten
Trauer. Ein warmes Blut rollte in seinen Adern.
Saul hatte ihn als Hintenjüngling zu sich ge=
nommen, er sollte ihm durch melodischen Gesang,

begleitet mit den zarten Tönen der Harfe, die
Schwermuth lindern; bald machte er ihn auch zu
seinem Waffenträger. Saul wollte sich nach den
willkührlichen Befehlen der Priester Jehovas nicht
richten, und darum wurde er von ihnen angefein=
det; David schmeichelte denselben, ließ sich von
ihnen leiten, und zog sich vorzüglich hierdurch die
Abneigung seines königlichen Wohlthäters zu. Doch
erhilt er noch dessen Tochter, nachdem er den Riesen
Goliath erlegt hatte. Saul erkannte indessen im=
mer deutlicher den geheimen Plan der Priester,
David auf den Thron zu setzen und seine Familie
zu zernichten; er erklärte sich daher gegen David
und dieser trat öffentlich auf die Seite der Feinde
Sauls. — Jonathan, Sauls Sohn, liebte
David mit den zärtlichsten Gefühlen, vertheidigte
ihn bei seinem Vater, und suchte ihm dessen Gunst
wieder zu gewinnen. Ohne den Verdacht der
Schlaffheit zu fürchten, war er edeldenkend und
großmüthig genug, ihm selbst den Thron abzutre=
ten, um ihm nur als Freund der nächste zu seyn.
Und dieser Jonathan endigte, in der Blüthe der
Jahre, sein Leben. Er war mit seinen zwei Brü=
dern, Abinadab und Malchisua, seinem Va=
ter in einen Feldzug gegen die Philistäer gefolgt.
Es kam zu einer entscheidenden Schlacht; die königli=
chen Helden stritten wie Löwen, wurden aber von
der Uebermacht geschlagen. Saul ersticht sich, um der
Gefangenschaft zu entgehen, und Jonathan wird
mit seinen Brüdern getödtet. Nun war für Da=
vid auf einmal Feind und Freund dahin, bei ih=

rem Tode erkannte er ihren Werth wohl lebhaf=
ter, als bei ihrem Leben. Er sank, als er ih=
ren Tod vernahm, in den tiefsten Schmerz, zer=
riß sein Kleid und weinte. Sobald sich die Aus=
brüche des ersten Schmerzes gelegt hatten, griff er
nach seiner Harfe, und sang in zarten, wehmuths=
vollen Tönen:

Israels Reh, so bist du denn auf deinen Höhen
Durchbohret! Ach, wie sind die Helden gefallen!
Sagt's nicht an zu Gath!
Verkündt's nicht auf Askalons Strasen!
Daß sich nicht freuen die Töchter der Philister,
Daß nicht frohlocken der Unbeschnittenen Töchter!

Berge Gilboa, auf euch soll fürder
Nicht fallen Regen und Thau.
Kein Acker bring' heiliges Opfer!
Denn dort ward den Helden ihr Schild
Zu Boden geworfen, Sauls Schild,
Als wär' es nicht mit Oele gesalbt!

Vom Blut' Erschlagener, vom Mark der Helden
Wich nie der Bogen Jonathans
Und ungesättiget kam nie Sauls Schwerd zurück!

Saul und Jonathan lebend liebtet ihr euch
Innig! auch im Tode seyd ihr nicht getrennt!
Ihr waret schneller als Adler
Und stärker als Löwe!

Töchter Israel, weinet um Saul!
Nun kleidet er in Purpur euch nicht mehr,
Und schmücket nicht mit Goldgeschmeide eure Kleider!

Ach, wie sind die Helden gefallen
In der mitte des Streits!
Auf deinen Höhe'n ward Jonathan erschlagen!

Leid ist's mir um dich, mein Bruder Jonathan!
Wie liebt' ich dich so sehr!
Deine Liebe war mir viel theurer
Als die Liebe der Frauen!

Ach, wie sind die Helden gefallen!
Und ihre Waffen des Krieges
Liegen zerschlagen umher! *)

Manche Töne der Liebe, welche Seufzer der
Wehmuth! Israls Zier ist dahin, das Reh ist
durchbohrt, Saul und Jonathan fielen im blu=
tigen Kampfe der Schlacht, auf den Höhen,
im Gebirge. Ach, wie sind die Helden
gefallen — wie war's nur möglich! Mit dem
innigsten Schmerzgefühl wird hier zugleich das
einst'ge Lob der Gefallenen verbunden.

So oft hatten Israels Helden ihre Feinde, die
Philistäer besiegt, und jetzt wurden sie selbst ge=
tödtet. Wie werden die letzten Sieger jauchzen,

---

*) 2. Sam. 1, 19 — 2e.

und ihre Töchter die freudigsten Triumphlieder singen! Wie werden sie lachen und spotten! David kann nicht, ohne Schmerz, an die Freudengesänge und Tänze der Philistäer über Sauls und Jonathans Tod denken; er fleht, die Kunde von der schimpflichen Niederlage nicht, in die feindliche Hauptstädte, nach Gath und Askalon, zu bringen.

Die Wuth des Schmerzes sucht Gegenstände, um den Schmerz zu lindern. Darum verflucht David die Berge Gilboa, weder Regen noch Thau soll auf sie fallen, sie seyen öde und bringen keine Früchte mehr zu heiligen Opfern. Warum? dort verloren Helden das Schild, Saul, ein König das Schild, als wär' es nicht mit Oele gesalbt, fest und glatt, und Jehova geweihet gewesen. Die Helden verloren nicht auf der Flucht das Leben, auf dem Kampfplatz ward ihnen von der feindlichen Uebermacht das Schild zu Boden geworfen, Jonathan ward durchbort, und Saul zu stolz, um sich als Gefangener mißhandeln zu lassen, erstach sich.

Nun legt sich der erste, heftige, leidenschaftliche Sturm, und der Dichter geht zum Lobe der im Streit gefallenen Helden über, rühmt ihre Tapferkeit und innige Bruderliebe, und beklagt den schmerzlichen Verlust, den das Vaterland erlitten

Wie stark und tapfer waren nicht Saul und Jonathan? Fest und sicher war Jonathans

Bogen, er wich nicht aus der Schlacht, ohne sich mit Blute der Erschlagenen getränket zu haben, und ins Mark der Helden gedrungen zu seyn. Auch Saul wußte sein Schwerd geschickt zu führen. Er gieng aus keinem Treffen, es mußte gesättigt seyn. Nach der politischen Vorstellung der Hebräer ißt und trinkt das Schwerd das Fleisch und Blut der zusammengehauenen Feinde. So stark und tapfer waren Israels königliche Helden, und doch mußten sie fallen!

Die innigste Liebe verband Vater und Sohn. Im Leben waren sie unzertrennlich; auch im Tode wurden sie nicht geschieden, sie starben an einem Tage, und ein Grabhügel unter der Tamariske zu Jabes umschloß ihre Gebeine. Immer schwebt dem Dichter die hohe Tapferkeit der königlichen Helden vor, und kann sich ihren Tod nicht den= ken — sie waren schneller als Adler und stärker als Löwe.

Nun führt der klagende Sänger die Töchter Israels dichterisch = schön ein. Er fordert sie zur Trauer auf: weinet um Saul! Er ist eurer Thränen werth. Er kommt nicht mehr siegend aus den Schlachten zurück, und vertheilet euch die gemachte Beute, er kleidet euch nicht fürder in Purpur und schmückt mit Goldge= schmeide eure Kleider. Singet seufzend mit mir: Ach, wie sind die Helden gefallen in der Mitte des Streits! Auf deinen

Höhen ward Jonathan erschlagen! Auch in der Klage neues Lob der Helden; sie fielen stehend auſſer dem Kampfplaße, sie starben in der Mitte des Streits.

Auf Jonathans Grabmal legt David den schön=sten Kranz der Freundschaft nieder. Er hatte in ihm den Bruder, den gefühlvollsten Freund ver=loren. Mit unaussprechlicher Wärme und Zärtlich=keit hatte der Freund den Freund geliebt. Gerne gesteht es David, ihm Jonathans Liebe theurer als alle Frauenliebe gewesen sey. Mit der tief=sten Wehmuth empfand er den erlittenen Verluſt —und kriehend seufzt er: leid iſts mir um dich mein Bruder! Wie liebt ich dich so sehr!

Die Epode, die das Lied anfieng, schließt auch mit einer angenehmen Veränderung dasselbe. Die Helden sind gefallen, zerschlagen liegen ihre Waffen umher! In Klagen und Seuf=zern hatte sich Davids gepreſſtes Herz geöffnet; in traurig süßen Tönen sang er seinem geliebten Jonathan nach, und Sauls, mit dem er bisher in Feindschaft gelebt, konnte er nur ehrenvoll gedenken. Ruhet wohl, ihr Geliebte! Sauls Na=me werde immer unter den edlen Fürsten genannt, die für Freiheit und Vaterland ihr Leben zum Opfer bringen! Jonathans Name ziere ewig den Altar der Freundschaft! David stellt seine Harfe

an

an ihm nieder, und umwindet ihn mit einem Kranze von Ewiggrün. *)

2.

Davids Klaggesang auf der Flucht von seinem Sohne Absalon.

David mußte den Schmerz erleben, daß ihn sein eigener Sohn, den er mit der größten Zärtlichkeit liebte, nach dem Thron und Leben strebte. In der Hauptstadt nicht mehr sicher, floh er mit den wenigen ihm treu gebliebenen Freunden und Kriegern nach dem Libanon, und schlug am Fuße desselben sein Lager auf. In der peinigendsten Lage, von dem größten Theile seines Volks, unter Anführung seines eigenen Sohnes, vertrieben und verfolgt zu seyn, seiner wenigen Umgebung selbst nicht ganz trauen zu dürfen, und nun bald Krone und Leben verlieren zu müssen, greift er zu seiner alten Freundin, der Harfe und erhebt sich, um Schutz und Trost flehend, zu seinem Jehova, in dem wehmüthigsten Klaggesang:

*) Neuerlich hat der vortrefliche C. W. Justi diese Elegie Davids, nach seiner Weise, schön übersetzt und gelehrt und geschmackvoll erklärt; s. dessen National-Gesänge der Hebräer, Marburg 1803. S. 56.

So wie der Hirsch nach Wasserquellen
schmachtet,
So schmachtet meine Seele, Gott, nach dir!
Es dürstet meine Seele hin nach Gott,
Nach dem lebendigen Gott!
Wann werd' ich wieder kommen
Und Gottes Antlitz schaun?

Es sind mir meine Thränen
Morgen = und Abendbrod,
Denn jeden Tag spricht man zu mir:
Wo ist dein Gott?
Gedenk' ich dann (mein Herz zerfließt in mir!)
Wie ich in Haufen gieng,
Hinwallete zum Hause Gottes
Mit Jauchzen und mit Lobgesang
Der Menge, die das Fest begieng!

Was grämst du dich, mein Herz, in mir,
Und pochst unruhig auf?
Erwarte Gott! auch ich werd' ihm noch
danken,
Ihm, meinem Retter, meinem Gott!

Und dennoch grämt sich meine Seele noch?
So denk' ich an des Jordans Fluren dein,
Am Hermon und am Mizars Berge!
Wo eine See zur andern See
Beim Brausen deiner Ströme ruft,

Wo deine Wogen all' und Fluthen
Stürzen über mich.

Und doch hält mich am Tage noch
Aufrecht Jehovas Huld,
Und in der Nacht ist schon sein Lied mit mir,
Bet' ich zu dem lebend'gen Gott!

Zu Gott sing' ich: Mein Fels,
Warum vergißt du mein?
Warum muß ich so traurig gehn,
Bedrängt von meinem Feind?
Es schmettert mir durch mein Gebein,
Wenn mich mein Feind verhöhnt;
Denn jeden Tag spricht man zu mir:
Wo ist dein Gott?

Was grämst du dich, mein Herz, in mir,
Und pochst unruhig auf?
Erwarte Gott? auch ich werd' ihm noch danken,
Ihm, meinem Retter, meinem Gott!

Richt mich, Gott! führ' aus mein Recht!
Von einem unbarmherz'gen Volk,
Und von dem Mann voll Trug und Bosheit.
Errette mich!
Denn du bist der Gott meiner Stärke!
Warum verstößt du mich?
Warum muß ich so traurig gehen,
Bedrängt von meinem Feind?

Sende mir dein Licht und deine Treue,
Sie sollen mich leiten und bringen
Zu deinem heiligen Berg, zu deiner Wohnung!
Zum Altar Gottes geh' ich dann,
Zu Gott, der meine Freud' und Wonne ist!
Dir will ich auf der Harfe danken,
O Gott, mein Gott!

Was grämst du dich, mein Herz, in mir,
Und pochst unruhig auf?
Erwarte Gott! auch ich werd' ihm noch
danken,
Ihm, meinem Retter, meinem Gott! *)

David lebte ganz im seinem Jehova, er war
ihm der erste Sänger in seinem Heiligthume; und
nun von Zion, dem, der feierlichsten Anbetung
geweihten, Berge getrennt, vertrieben und verlas=
sen, sucht er vergebens unter Menschen Trost.
Wie der dürstende Hirsch nach einer Wasser=
quelle schmachtet, so schmachtet seine
Seele nach Gott; nach Gott dürstet sie,
nach dem lebendigen Gott, dem ewig thäti=
gen und Leben spendenden. Die lebendige
Quelle, immer aufsprudelnd, hatte den Dichter auf
den lebendigen Gott geleitet. Er sehnt sich nach
ihm: wann werd' ich wieder kommen und
Gottes Antlitz schauen — auf Zion ihn
verehren? In diesem Seufzer schließt er zugleich
die Bitte um Rettung von den Aufrührern ein.

_____

*) Psalm 42 und 43.

Wie groß war nicht sein Leiden? Vor Schmerz
kann er keine Speise zu sich nehmen, Thränen
sind sein Morgen und Abendbrod. Und
diesen Schmerz erzeugt ihm weniger Verlust einer
ruhigen Regierung, als vielmehr die Verspottung
Jehovas. David bezog das Glück seines Lebens
ganz auf Jehova, jetzt schmachtete er im Unglück;
darum rufen ihm seine Feinde spottend zu: wo ist
dein Jehova? Wo hilft er dir! Um Jehovas
willen litt also David; durfte er nun nicht auf
dessen Hilfe hoffen?

Mit Wehmuth erinnert sich der leidende König
der feierlichen Einzüge in Jehovas Heiligthum an
den hohen Festen, und nach erfochtenen Siegen;
Wollust war ihm die Anbetung Gottes in den erhabensten Lobgesängen und Melodien — und jetzt
mußte er verjagt, am Libanon der Vernichtung
entgegen blicken. Wir begreifen seinen seufzenden
Ausdruck: Mein Herz zerfließt in mir!

David hatte sich der frohen Empfindungen bei
der Anbetung Jehovas in den vorigen glücklichen
Tagen, nach der Errettung aus so vielen Gefahren, erinnert; bei dieser Rückerinnerung fühlt er
sich auf einmal gestärkt, ihm ist's, als rufe ein
guter Geist ihm zu: Was grämst du dich?
Warum pocht dein Herz unruhig auf?
Erwarte Gott, vertraue ihm! Du wirst
ihm noch danken, ihm deinem Retter
und deinem Gott! der Gott, der dir so oft
half, ist noch vorhanden.

Doch bald war dieser Trost wieder verschwun=
den. Die vorige schmerzliche Empfindung kehrte
zurück. Dort stand er am Libanon *) wo der
Jordan aus der Phiala mit großem Geräusche
entspringt, wo der Abulak und andere rauschende
Bäche sich von jähen Felsenklippen in die Thäler
stürzen und dann Seen bilden. Sie rauschen
ihm wehmuthsvollen Schall, und ihre Wogen und
Fluthen sind ihm trauriges Bild seiner Leiden.

Aber auch in den Unglück bringenden, über
ihn zusammenstürzenden Wogen und Fluthen hält
ihm Jehovas Huld, für diese Erhaltung am
Tage, singt er ihm schon in der Nacht ein Lob=
lied; er möchte vollkommen errettet seyn, daher das
Flehen: Mein Fels, mein Beschützer, warum
vergißt du mein ꝛc.? Es schmettert mir
durch mein Gebein, Schmerz zuckt durch alle
Nerven, wenn mich mein Feind höhnisch nach der
Hilfe Gottes fragt. Kann Gott sich verhöhnen
lassen — seine treuen Verehrer vergessen? Was
grämst du dich mein Herz in mir? und so
folgt schön die obige Trostes Zusprache wieder ꝛc.

Der vertriebene König fühlt seine Unschuld; er
wollte das Beste seines Volks, und wirkte dafür.

*) Hermon ist die Spitze des Libanons — und
Mizhar ein anderer kleiner Berg in der Näh=
des Hermon.

Es führe Jehova nun seine gerechte Sache aus, und rette ihn von dem unbarmherzigen Volke, den Aufrührern, von dem eigenen feindseligen Sohne, dem Manne voll Trug und Bosheit! Da er für Jehova das Zepter führte: so erwartet er auch nur von diesem Hilfe und Sieg; Jehova ist ihm der Gott der Stärke, er kann ihm helfen. Daher ruft er nun: Warum muß ich so traurig gehn, bedrängt von meinem Feind?

Noch einmal fleht er um Jehovas Licht und Treue, um Gnade und Rettung; der Sieg soll ihn zu dem heiligen Berge, nach Zion leiten. Dort am Altar Gottes ist seine Freud' und Wonne; dort will er auf der Harfe, mit dem erhabensten Saitenspiel die feurigsten Danklieder singen. Schon ist er des Sieges gewiß; Trost und Ruhe ist in das verwundete Herz zurückgekehrt. Es schließt der Dichter mit den, sich schon zweimal zugerufenen, erheiterten Worten:

Was grämst du dich mein Herz in mir,
Und pochst unruhig auf?
Erwarte Gott, auch ich werd' ihm
noch danken,
Ihm, meinem Retter, meinem Gott!

Vortreflich ist die Anlage und Abwechslung dieses elegischen Gemähldes, bis zu Thränen rührend die darinn herrschende Farbe der Wehmuth, sanft und bezaubernd der Gang und Traum der sich beruhigenden Gedanken. *)

3.

Eines unbekannten hebräischen Dichters Klaggesang auf die babylonische Verweisung.

An Babels Strömen saßen wir
Und weineten, wenn wir an Zion dachten.
An ihren Weiden singen unsre Harfen.

Dort forderten die uns gefangen hielten
Gesang von uns,
Freude heischten unsre Dränger:
"Singet uns ein Zions = Lied!" —

Wie? singen sollten wir Jehovas Lied
In einem fremden Lande? —

Vergäß' ich dein, Jerusalem,
So müsse meine Rechte mein vergessen!
Am Gaumen klebe meine Zunge,
Wenn ich deiner nicht gedenke,

---

*) Herders Geist der ebr. Poesie Th. 2. S. 366.

Wenn Jerusalem mir nicht
Meine höchste Freude bleibt!

Gedenk', Jehova, Edoms Söhnen
Den Jammertag Jerusalems,
Da sie ausriefen: "verheeret sie,
Verheeret sie bis auf den Grund!"

Tochter Babels! Nun wirst du auch zerstört!
Heil dem, der dir vergilt!
Der dir vergilt, was du an uns gethan.
Heil dem, der deine Säuglinge ergreift,
Und sie am Fels zerschmettert! *)

Ein Klaggesang aus den Zeiten des babylonischen Exils, von einem Dichter, dessen Namen
nicht zu uns gekommen ist. Mit den zarten Tönen
der Wehmuth beginnt das Lied. An Babels
Strömen, am Euphrat und dessen Kanälen,
saß der Dichter mit seinen mitleidenden Brüdern,
und fühlte schmerzlich die Trennung vom Vaterlande. Die Verwiesenen sehnten sich nach der
Hauptstadt und nach dem Heiligthum Jehovas,
nach Zion zurück, und vergossen Thränen der
Wehmuth. Voll Trauern hingen sie ihre Harfen
an Weidenbäumen auf, sie wollten nicht mehr singen, sie konnten sich nicht freuen.

Die Israeliten waren als Freunde des Gesangs
und der Musick bekannt. Die Babylonier fordern

---

*) Psalm 137.

von ihnen, als ihren Sklaven, zur Beluftigung ein
Zions = Lied, religiöfe Lieder zu fingen. Allein
der Schmerz ftimmte fie nicht zum Freudenliebe,
und in einem fremden, ungeweihten Lande
wollten fie ihre heiligen Lieder nicht entheiligen.
Wie konnten fie des Vaterlandes, Jerufalems,
des Wohnfitzes Jehovas, vergeffen?

Der Dichter bricht, im Namen aller mit ihm
verwiefenen Israeliten, in die heftigften Verwün=
fhungen aus: Vergäß' ich dein, Jerufalem,
fo müffe meine Rechte mein vergeffen,
meine Hände alle Kraft und Stärke verlieren!
Am Gaumen klebe meine Zunge, Krank=
heit und Entkräftung müffe mein Loos feyn,
wenn Jerufalem mir nicht meine höchfte
Freude bleibt, weit werther ift, als aller
Beifall unfrer Sieger.

Nun wendet fich der Gefang unvermuthet zu
den Edomiten, die, von den älteften Zeiten her,
die größten Feinde der Hebräer waren, die bei
dem Sturze Jerufalems und des ganzen jüdifchen
Staats nicht allein frohlockten, fondern fich auch
als Verräther bewiefen haben. Der Dichter ruft
Jehova über die falfchen Halbbrüder zur Vergel=
tung an, und bricht über die Zerftörung Babels
in triumphirende Freude aus. Heil dem, der
an Babel Rache nimmt! Heil dem, der deine
Säuglinge ergreift und fie am Fels zer=
fchmettert! Unmenfchlich graufam wurden in

der alten Welt die Kriege geführt. "Schade, daß die schöne Elegie, deren sanfter Gang in ihren rührenden Accenten die Seele so wohlthuend bewegte, mit einem so unbarmherzigen Wunsche endigt!" *)

4.

Jeremias Klaggesang über Jerusalems Verödung

Jeremias erhob seine Stimme zum schauerlichsten Trauergesange, als Jerusalem, nach der angestrengtesten Belagerung, von den Chaldäern erobert ward. Jetzt fielen die Israeliten unter dem Mordschwerdte ihrer siegenden Feinde, nachdem sie lange mit dem Hunger gekämpft hatten, und wer von ihnen dem Tode entging, wurde gefangen in die weit entlegenen Provinzen des Siegers geführt. Männer und Weiber, Jünglinge und Jungfrauen theilten mit einander dasselbe Schicksal. Jerusalem wurde verwüstet und der prachtvolle Tempel Jehovas niedergerissen. Schrecklich war das Unglück. welches das israelitische Volk betroffen hatte, und jedes Herz eines Patrioten mußte von Schmerz ergriffen werden. Rührend sind Jeremias Klagen; sie schildern das Elend seiner Na-

---

* C. W. Justi National-Gesänge der Hebräer. S. 156.

tion in den lebhaftesten Bildern — und beurkunden
sein Dichtertalent. Von den fünf uns aufbewahr-
ten Trauergesängen stehe hier nur der erste, in
welchem das veröbte Jerusalem bejammert wird.

Wie liegt die Stadt so öde,
Die sonst voll Volkes war!
Sie ist nun einer Wittwe gleich,
Sie, die so groß unter den Völkern,
Die Fürstinn in den Ländern war, *)
Sie ist zur Sklavinn geworden!

Sie weinet des Nachts, sie weinet,
Daß über die Wangen ihr fließen die Thränen,
Und unter ihren Freunden ist niemand,
Um sie zu trösten.
All' ihre Nächsten verachten sie **)
Und sind ihre Feinde geworden.

Ausgewandert ist Juda
Ob des Elends und schweren Dienstes,
Will unter andern Völkern wohnen

---

*) Jerusalem war eine sehr angesehene und be-
rühmte Stadt auch unter auswärtigen Völkern.

**) Die Freunde, Nächsten, die Bundsgenos-
sen der Israeliten waren früher die Aegyptier,
späterhin die Chaldäer die zuletzt als ihre Feinde auftraten.

Und findet keine Ruhe;
All' seine Verfolger drängen's in die Enge. *)

Es trauren die Straßen gen Zion,
Weil auf die Feste niemand mehr wallt.
All' ihre Thore stehn öde,
Es seufzen die Priester,
Es jammern die Jungfrauer,
Und sie ist sehr betrübt. **)

Ihre Bedränger sind zum Haupt geworden,
Ihren Feinden geht es wohl.
Denn Jehova wollte sie beugen
Ob ihrer Missethaten Menge;
Ihre Kinder müssen ziehen ins Elend
Her vor dem Feind.

Von Zions Tochter ist aller Schmuck dahin. ***)
Ihre Fürsten sind wie die Hirsche geworden,
Die nicht mehr Weide finden und gehen
Vor dem Verfolger kraftlos her. †)

---

*) Die Juden, welche in Palästina noch zurück blieben, fanden das Joch ihrer Besieger zu schwer, und wanderten in andere Länder aus, aber auch in diesen fanden sie keine glückliche Aufnahme.

**) Nämlich Z i o n — Jerusalem.

***) Von Z i o n s T o c h t e r — d. i. von Jerusalem.

†) Jerusalems Fürsten, matt von Hunger und Noth, sind nicht einmal stark genug, dem Feinde zu entfliehen, geschweige sich ihm zu widersetzen.

Es denkt Jerusalem in seines Leidens
Tagen und seinem Ungemach
An all sein voriges erwünschtes Glück —
Jetzt, da zu Boden sinkt sein Volk,
Durchs Feindes Hand, und keinen Helfer kennt.
Es sehens Widersacher, und spotten
Seines Untergangs.

Gesündigt, gesündigt hat Jerusalem,
Drum ist sie wie ein unrein Weib geworden,
Die sie sonst ehrten, verschmähen sie,
Denn sie haben ihre Schaam gesehen.
Nun seufzet sie und wendet rückwärts sich. *)

Ihr Unflath klebet an den Säumen.
Solchen Ausgangs dachte sie nicht.
Sie ist schrecklich danieder gefallen,
Und niemand tröstet sie.

"Siehe, Jehova, mein Elend,
"Wie überhebt sich mein Feind! "

Es hat der Verfolger gelegt
Seine Hand an ihre Kleinodien all',
Sie mußte es sehen, daß Heiden
In ihr Heiligthum drangen,
Von den Du doch selber geboten:
Sie sollen in deine Gemeine nicht kommen!

-----

*) Um unbemerkt den Schmerz ihres Herzens aus-
weinen zu können.

All' sein Volk seufzet und gehet nach Brod
Ihre Kleinodien geben sie um Speise dahin,
Daß sich erlabe ihr Herz.

»Siehe, Jehova, herab und schaue,
Wie Elend ich geworden bin!«

Rührts euch alle nicht, die ihr an diesem Wege
Vorübergeht? Schauet doch und sehet,
Ob irgend ein Schmerz sey, gleich meinem Schmerz,
Der mir bereitet ward, —
Von Jehova mir versetzet,
Am Tage seines Zorns!

Von der Höhe schleuderte Feuer er *)
In mein Gebein, das lenkte Er!
Er stellte meinen Füßen ein Netz
Und brachte mich rücklings hinein.
Er machte mich öde und jedes Tages
Senkt' er in Traurigkeit mich.

Gefügt zum Joch sind meine Missethaten **)
Durch seine Hand, in Eins gewunden,
Sanken sie auf meinen Hals,

---

*) Unter dem Feuer von der Höhe versteht
der Dichter den Blitz, den Jehova selbst lenkte,
daß er nicht fehlte.   Der Blitz ist hier Bild der
sichtbaren, schrecklichen Strafe des Himmels.

**) D. i. Jerusalems, Israels Sünden hat Jehova
mit schweren, unerträglichen Folgen begleitet.

Er drückt zu Boden meine Kraft,
Mich gab der Herr in dessen Hand,
Dem ich nicht widerstehen kann.

Fort gestoßen hat der Herr
All meine Helden in meiner Mitte,
Ausgerufen ein Heer wider mich,
Meine Jünglinge niederzuschmettern.
Es keltert der Herr die Jungfrau,
Die Tochter Juda! *)

Darum weine ich so;
Meine Augen fließen von Wasser.
Denn ferne von mir ist der Tröster,
Der mein Herz sollte erquicken.
Es sind meine Kinder dahin,
Weil der Feind hat gesiegt.

Es strecket Zion seine Hände aus,
Doch ihr ist kein Tröster.
Aufgefordert hat Jehova wider Jakob
Rings umher seine Feinde,
Daß Jerusalem unter ihnen werden mußte
Wie ein unreines Weib.

---

*) Das Keltern ist, im Gemälde eines orienta
lischen Dichters ein sehr natürliches Bild vom
Blutbade, weil der dortige Most und Wein mei=
stens roth ist, und folglich wie Blut aus der Kel=
ter rinnt.

Ecredt

Gerecht ist Jehova,
Denn seinem Munde war ich ungehorsam.
Höret alle Völker und sehet meinen Schmerz:
Meine Jungfrauen und Jünglinge
Sind in die Verweisung gewandert!

Ich rief meine Freunde an, *)
Sie aber täuschten mich.
Es sind meine Priester und Aeltesten
In der Stadt verschmachtet,
Sie suchen sich Nahrung, ihr Herz zu erlaben.

" Sieh', Jehova, wie bange mir ist,
" Mein Eingeweide braußt!
" Es wendet sich mein Herz in meinem Innern,
" Denn ich bin hoch betrübt!
" Draußen macht Waisen das Schwerd, innen
                                        die Pest.
" Man hörts, daß ich seufze,
" Und doch ist kein Tröster mir da.
" Alle meine Feinde hören mein Unglück;
" Und freuen sich, daß du es so machst.
" Doch du wirst den Tag bringen,
" Den du schon bestimmtest,
" Da sie werden mir gleich!
" Laß' all' ihre Bosheit kommen vor dich;
" Und thue mit ihnen, wie du an mir thatst

---

*) Die Aegyptier und andere benachbarte Völker,
mit welchen Jerusalem sonst im Bündniße stand.

17

" Denn meines Seufzens ist viel
" Und mein Herz ist betrübt! "   *)

So endigt der Trauergesang, nachdem der Dich=
ter, mitten in der wehmüthigsten Klage, schon
mehrmals seufzend zum Himmel aufgeblickt hatte,
mit dem rührendsten Gebete. Es ist zu bedauern,
daß Jehova zur strafenden Vergeltung über die
hartherzigen Feinde aufgefordert wird.   Das Ge=
dicht wäre, ohne diesen Flecken, in moralischer,
wie in ästhetischer Hinsicht, gleich vortrefflich.

---

*) Klaglieder Kap. 1.

5.

Ezechiels Klaglied auf den Fall des Königs von Tyrus.

Du Kunstgebilde, Weisheit voll und schön! *)
Im Gottesgarten, Eden, warest du.
Dich schmückte jeder Edelstein,
Rubin, Topas, Demant und Hyacinth,
Jaspis, Sapphir, Smaragd und Gold.
Am Tage deiner Bildung priesen dich
Willkommen schon Trommet= und Paukenschall.
Zum Cherub, zum Beschützer weiht' ich dich, **)

---

*) Tyrus wird hier sehr treffend unter der Ge=
stalt eines reichen Kunstgebildes beklagt. Denn
diese erste Handelsstadt der alten Welt zeichnete
sich durch Wissenschaften, Kunstfleiß. Pracht und
Reichthum aus. Sie lag in einer angenehmen,
gesegneten Gegend, welche der Dichter, nach der
Mythologie seines Volkes, ein Eden, ein Got=
tesgarten nennt. Vgl in dieser Schrift die
Abtheil. Romantische Dichtungen: von
dem schönen Wohnsitze und unschulds=
vollen Zustande der ersten Menschen.

**) Cherubim, d. h. zusammengesetzte, majestä=
tisch=furchtbare, symbolische Thiere, ruhten auf
dem Deckel der mosaischen Gesetzlade. Der Dich=
ter gebraucht sie hier als Bild der Majestät und
Macht. Tyrus war mächtig genug, um sein
Reich zu beschützen.

17*

Ich setzte dich auf den Berg der Herrlichkeit, *)
Ein GOtt wardst du — **)
Da wandeltest du unter blitzenden Steinen!***)
Fromm warst du sonst in deinem Thun,
Vom Tage deiner Schöpfung an,
Bis Unrecht endlich an dir funden ward.
Bei deiner Handlung Größe wurden deine Kam=
mern
Voll von Frevel und von Trug.
Drum will ich dich verstoßen vom Götterberge,
Vertilgen dich, beschützender Cherub,
Weg von den blitzenden Steinen!
Stolz war dein Herz ob deiner Schöne,
Verschwend'test deine Klugheit nur zu deiner Pracht.
So will ich denn zur Erde dich hinschleudern,
Den Königen dich geben anzuschaun.
Viel ist deines Frevels; und der Trug
In deinem Handel hat dein Heiligthum ent=
weiht. ****)
Drum soll ein Feuer nun ausbrechen

---

*) D. i. ein herrliches Reich war Tyrus, Phöni=
cien. Es war durch seine Lage schon sicher, von
der See her konnte es nicht leicht angegriffen
werden.

**) D. i. mächtig und glücklich.

***) Bild des Reichthums. Der König von Tyrus
hatte die kostbarsten Edelsteine in solcher Menge,
daß er mit diesen die Wände und Fußböden sei=
ner Palläste ausschmücken und so unter denselben
wandeln konnte.

****) D. i. deine veste, herrliche Stadt.

Aus deiner Mitt', und dich verzehren,　*)
Zur Asche sollst du werden auf der Erde
Vor aller Augen, die dich sehen!
Wer dich aus allen Völkern kennt,
Wird staunen über dich!
Ein Schreckbild warest du,　**)
Und bist's in Ewigkeit nicht mehr!　***)

———————

*) Der Cherub wird feurig gemahlt. Des Cherubs Feuer verzehrt ihn jetzt selbst. Tyrus hat durch Sittenverderben seinen Untergang selbst herbeigeführt.

**) In den Tagen deiner Macht.

***) Ezech. 28, 12 — 19.

6.

Hiobs Klage über sein leidenvolles, noch nicht geendigtes Leben.

O! daß ich nicht, im Schoos der Mutter,
                starb!
Nicht, aus dem Mutterleib heraus, sogleich ver-
                schied!
Warum nahmen mich doch Kniee auf?
Warum doch Brüste, daß ich sog?

So låg' ich nun, und ruhete,
Ich schlief, und mir wär' wohl.
Mit jenen Königen und Volksberathern,
Die Wüsteneien sich zu Gräbern baun,
Mit Goldesreichen Fürsten,
Die noch ihr Todtenhaus mit Silber füllten. *)
Gleich einer unbemerkten Fehlgeburt
Wär' ich wie nie gewesen,
Gleich Kindern, die das Sonnenlicht nie sahn.

Dort hören die Bösen zu drängen auf,
Dort ruhen die Müden aus.
Da rasten die Gefangenen zusammen,

*) Hindeutung auf die künstlich zubereiteten Grab-
stätten, auf die Pyramiden und Mausoleen der
ägyptischen Könige.

Und hören nicht des Treibers Stimme mehr.
Der Kleine und der Große sind dort gleich,
Der Knecht ist frei von seinem Herrn!

Warum gibt GOtt Unglücklichen das Licht,
Und Leben Tiefbekümmerten,
Die auf den Tod vergeblich harren,
Und gern ihn aus der Tiefe gruben,
Die fröhlich hüpfen, jauchzen,
Wenn sie ein Grab erblicken:
Warum dem Manne, dem sein Lebenspfad ver=
finstert ist,
Den GOtt rings um umzäunte?

Vor meinem Essen gehen Seufzer her;
Wie Wasserströme fließen meine Klagen.
Denn was ich fürchtend fürchte, trift stets ein,
Wovor ich bebe, das kommet über mich,
Ich raste, ruh' und schlafe nicht,
Nur Zittern hat mich überfallen. *)

Wir kennen die schöne Dichtung von Hiobs
Leben. Er litt, nach den erduldeten schmerzhafte=
sten Unglücksfällen, an dem höchsten, empfindlich=
sten Grade des Aussatzes, Elephantiasis genannt,
wo sein ganzer Körper mit Geschwüren überzogen
war. Lange hatte er, im Gefühle der Tugend,
die größte Geduld bei seinen Schmerzen gezeigt,

_____

*) Hiob Kap. 11. 3 — 26.

endlich aber überwältigten sie ihn, und er bricht in
die wehmüthigsten Klagen aus. Ach, daß ich
nicht, im Schoos der Mutter, starb!
Ins Todtenreich wünscht er sich; dort, am Orte
der allgemeinen Gleichheit und Freiheit, fände er
Ruhe. Wieder kommt er zur Klage zurück; Wa=
rum gibt Gott den Unglücklichen das
Licht? Warum kommt der Tod denen nicht, die
nach ihm schmachten? Im Dunkeln irrt der Elen=
de umher; auch wo er noch einen Ausweg ver=
muthete, da stößt er an; sein ganzer Lebens=
pfad ist ringsum, wie mit Dornen, umzäunt.

Diese allgemeine Schilderung des Leidenden lei=
tet Hiob nur zuletzt auf sich und seinen eigenen
bejammernswürdigen Zustand. Vor meinem
Essen gehen Seufzer her — da doch sonst
auch der Traurigste bei Tische wieder ermuntert
wird. Wie Wasserströme fließen meine
Klagen! Kühnes orientalisches Bild. Wie
Wasser in gleicher Stärke und ohne Absetzen fort,
fließt, so ununterbrochen fort, mit gleich starker
heftiger Stimme, heulte Hiob. Auch Ossian
sagt einmal: "Ein ewiger Bach entstürzet den
Augen des Vaters." — So trifft alles Unglück
den Leidenden ohne Gleichen, wovor er bebt.
Schlaf und Ruhe ist von ihm gewichen, ein
Zittern hat ihn überfallen, im höchsten
Grade Furcht und Schmerz. Welche Stärke der
Empfindung in dieser Elegie! Welche kühne Bil=
der! Welche reine und sichere Zeichnung! Welch

helles und zartes Kolorit! Welch' ernster und wehmuthsvoller Ton!

7.

Hiobs Klage über das menschliche Elend.

Hat Sclavenleben nicht der Mensch auf Erden?
Sind nicht wie Tagelöhners seine Tage?
Wie einem Knecht, der sich nach Schatten sehnet,
Wie einem Tagelöhner, der seines Lohnes harrt:
So sind mir böse Monden zugefallen,
Und Kummernächte sind mir zugezählt.
Wenn ich mich niederlege, seufz' ich:
Wann steh' ich wieder auf?
Und lange dehnt sich mir die Nacht,
Der Unruh' werd' ich satt,
Bis zu der Morgendämmerung hin.

Mit Wurm und Moder ist mein Leib bedeckt,
Es schließt sich meine Haut und bricht dann wie-
                                    der auf.
Hinweggeflohn sind meine Tage,
Geschwinder wie ein Weberspul,
Sie sanken unter an der Hoffnung Ende.

Gedenke, daß ein Hauch mein Leben ist;
Nie wird mein Auge wiederkehren,
Um Glück zu sehen.

Das Auge, das mich suchet, wird mich nicht
sehen mehr,
Dein Auge wird mich suchen; ich bin nicht mehr!

Wie eine Wolke schwindet und vergeht,
So geht der Mensch ins Schattenreich hinab,
Und kommt nicht mehr herauf.
Er kehrt nie wieder in sein Haus,
Und seine Stätte kennet ihn nicht mehr.

So will ich auch nicht wehren meinem Mund,
Will in den Aengsten meines Geistes reden,
Will klagen in dem Kummer meiner Seele:
Bin ich ein Meer? ein Meeresungeheuer?
Daß du mir Wache setzen mußt?
Sprech' ich: mein Bette soll mich trösten,
Mein Lager mir Erquickung seyn:
So schreckst du mich durch Träume,
Und ängstigst mich durch Nachtgesichte,
Daß meine Seele sich Erstickung wünscht,
Und mein Gebein den Tod.

Doch ich schwinde, und leb' nicht lange mehr.
Laß ab von mir, dann wie ein Rauch sind meine
Tage!
Was ist der Mensch, daß du so groß ihn hältst
Und setzest gegen ihn dein Herz?
Und ihn mit jedem Morgen suchst,
Und jeden Augenblick ihn prüfst?

Wie lange willst du denn nicht von mir blicken?
Mir Ruhe lassen, nur meinen Speichel zu verschlingen?

Hab' ich gesündigt, was that ich dir,
O Menschenforscher?
Warum, daß du mich dir zum Anstoß setztest?
Und bin mir selbst zur Last?
Warum vergissest dn nicht mein Vergehn,
Und vergibst mir meine Schuld?
Denn bald werd' ich im Staube liegen,
Am Morgen suchst du mich: — ich bin nicht
mehr! *)

Wahres, schönes Gemälde der menschlichen Müh=
seligkeit auf Erden. Das Leben des Menschen ist
Sklavenleben, Arbeit, oft schwere, saure Arbeit,
und sehr beschwerlich. Gleich dem Knechte sehnt
er sich oft nach Schatten, nach Erquickung, und
findet sie nicht. Er arbeitet wie ein Taglöhner,
um, nach angestrengten Kräften, einst Ruhe und
Glück zu genießen, und wird in der Hoffnung ge=
täuscht.

Ein solches trauriges Loos, ja das traurigste,
ist auch Hiob gefallen. Die empfindlichsten Schmer=
zen der Krankheit martern ihn; selbst die Nacht,
die Leidenden Erquickung bringt, ist ihm zur Qual.
Ihn flieht der Schlaf; bis wieder Morgen dämmert,
ist er ganz ermattet.

_____

Hiob, Kap. 7.

Nun beschreibt Hiob die Elephantiosis, die
schrecklichste aller Krankheiten, unter welcher er
leidet. Mit Wurm und Moder ist mein
Leib b deckt, es schließt sich meine Haut,
und bricht dann wieder auf! Bald wird es
mit mir aus seyn. Hinweggeflohn sind
meine Tage, geschwinder wie ein Weberspul. Schönes natürliches Bild der Flüch-
tigkeit. Sie sind entflohn, und mit ihnen die
Hoffnung glücklicherer Zeiten.

Hiob fühlte wohl, daß er von seiner Krankheit
nicht genesen, und wieder glückliche Tage sehen
werde. Bald wird er nicht mehr seyn; er steht
daher GOtt um Mitleid an. Nun ergießt er
sein Herz in den rührendsten Tönen über die
Nichtigkeit des Menschenlebens. Es gleicht einer
Wolke, die sich einige Augenblicke zeigt, dann
schwindet und vergeht. So geht der Mensch
dem Schattenreiche zu, und kommt nicht
mehr zurück.

Darf, bei diesem traurigen Schicksale, der
Leidende seine Klagen zurückhalten? Soll Hiob
schweigen? Er darf den Kummer seiner Seele
aussprechen. Wozu der große Aufwand von Kraft
gegen einen Ohnmächtigen, wie Hiob? Bin ich
ein Meer? Brausend wie dies? Ein Meeresungeheuer? So ungestümm und wüthend,
um mir, zur Bezähmung, Damm und Wache
entgegen zu setzen?

Welche empfindliche, Leiden müssen Hiob treffen! Der Schlaf lindert seine Schmerzen nicht,
sinkt er in Schlummer: so erschrecken ihn die
fürchterlichsten Träume. Wie natürlich ist da der
Wunsch, Tod dem Gebeine, dem abgezehrten
Körper!

Doch Hiob schwindet, schon stirbt er allmählig. Er fleht daher nur um Linderung der
Schmerzen; laß ab von mir! Gott ist so
groß, und der Mensch so klein. Darum fragt
Hiob den Höchsten: Ist es der Ohnmächtige
wohl werth, daß du ihn so genau beobachtest?

Und wenn der Mensch den Richterblick Gottes,
Strafe verdient: warum so lange? Hiob seufzet
um einige Augenblicke zur Erquickung, nur so lange um Ruhe, den Speichel zu verschlingen.
Wann wird die schmerzensfreie Minute kommen?

Sündigte Hiob, fehlt der Mensch, was
kann dieß Gott schaden? Können Menschen-
schwachheiten und Fehler seine Größe beleidigen?
Warum schuf Gott den Menschen sich zum Anstoß,
als schwaches Wesen? Muß nicht der Mensch
selbst seine Schwäche, als eine schwere Bürde,
beklagen? Warum vergibt Gott nicht dem Menschen seine Vergehung und Schuld. Verdient
er nicht, schon in Hinsicht der Kürze seines Lebens, Mitleid; am Morgen sucht man ihn,
er ist nicht mehr!

9.

Satyren.

Die Satyre, die vollkommene Darstellung
menschlicher Laster und Thorheiten, als nachtheilig
und lächerlich; um jene zu bestrafen und verhaßt
zu machen, und diese zu verspotten und zu ver=
lachen: folglich um zu beschämen und zu bessern —
finden wir unter den frühen Geistesblüthen der
Hebräer. So sehr irrten die Römer, welche
sich den Ursprung der Satyre zuschreiben. Hier
siehe Jesaias Satyre auf den Götzendienst.

Die Götzenbildner alle, nichts sind sie!
Nichts nützen ihre Kunstgebilde.
Sie selbst sind ihre Zeugen, daß sie nichts sehen,
Nichts wissen, und sollten drob sich schämen.
Wer mag bilden einen Gott,
Ein Götzenbild umgießen,
Wenn es nichts nützen sollte?

Seht alle, die zu ihm sich halten,
Trift die Schande,
Die Künstler auch, — sie Menschen nur!
Laßt alle sie versammlen sich,
Hintreten ehrfurchtsvoll:
Zusammen müssen sie sich schämen.

Der Eisenschmidt faßt's mit der Zange,
Bearbeit's in der Kohlengluth,
Mit Hämmern bildet er's,
Bereit's mit seines Armes Kraft.
Er hungert drüber und hat nicht Kraft mehr,
Nicht Wasser trinkt er, wie sehr er lechzt.

Der Holzarbeiter zieht die Schnur,
Zeichnet mit Röthel vor,
Haut's mit der Art zurecht,
Zirkelt's ab, bildet's zum Mann,
Zu schöner Menschengestalt;
Und wohnen soll's in einem Tempel! —
Er hatte Cedern sich gefället,
Steineichen sich genommen und Eichen,
Die Stärksten der Bäume des Waldes
Sich gewählt und Ornen,
Von ihm gepflanzt, durch Regen gediehen.
Es braucht der Mensch sie zur Feurung.
Er nimmt davon, und heizt damit,
Wärmt sich dabei und backt sich Brod.
Daraus verfertigt jener einen Gott
Und beuget sich vor ihm;
Der macht ein Bild daraus
Und betet's an!
Ein Theil verbrennet er im Feuer,
Bei einem Theile kocht er Fleisch,
Brät't einen Braten, sättigt sich damit;
Er wärmt sich auch dabei, spricht: "Ha!
"Nun bin ich warm! Habe des Feuers genossen!"
Und das Uebrige davon macht er zum Gott,

Zu seinem Götzenbild!
Verehrt's und beuget sich davor,
Auch betet er zu ihm und spricht:
"Ach! rette mich! du bist mein Gott!"

So sehen sie's nicht ein, verstehen's nicht,
Verkleistert sind, daß sie nicht sehen, ihre Augen,
Dies zu erkennen ihre Herzen!
Keiner wendet zu seinem Herzen sich,
Keiner hat so viel Verstand und Einsicht
Zu sich zu sprechen:
" Ein Theil davon verbrannt ich schon im Feuer,
" Auf seinen Kohlen 'hab' ich Brod gebacken,
" Fleisch gebraten und gegessen.
" Den Ueberrest sollt' ich zu einem Götzen machen?
" Zu einem Holzklotz beten?"

Nun weidet er an Asche sich,
Sein Herz, bethöret, führt ihn irre,
Er rettet seine Seele nicht, denkt nicht:
Ist mir zur Rechten auch nicht Täuschung? *)

Jes. 44, 9 — 20.

10. Räthſel.

Die Entwicklung des menſchlichen Geiſtes zeigt ſich frühe in Erfindung künſtlicher und witziger Räthſel. Sie ſollten den Scharfſinn wecken, Un= terhaltung und Vergnügen gewähren. Finden wir bei den morgenländiſchen Völkern die Spiele des Witzes und der Laune beſonders heimiſch: ſo iſt leicht zu vermuthen, daß auch die Hebräer Freunde derſelben geweſen ſeyn werden. Wirklich beſtätigen die, zu uns gekommenen Ueberreſte von Räthſeln dieſes Volkes, daß es in der gewunde= nen Schürzung und Auflöſung derſelben kein ge= meines Talent hatte.

Hier einige Belege.

Simſon, ein jovialiſcher Held ſeiner Zeit, glaubte die Gäſte bei ſeiner Hochzeit nicht ange= nehmer unterhalten zu können, als durch ein Räthſel, das er ihnen in Verſen vortrug und auf deſſen Löſung ein großer Preiß geſetzt war. Sim= ſon ſprach zu ihnen:

Ich will euch ein Räthſel aufgeben,
Wenn ihr das mir deutlich errathtet,
In dieſen ſieben Tagen des Gaſtmahls
Es auflöſet: ſo will ich dreißig Hemde
Euch geben und dreißig Feierkleider.
Könnt ihr es aber nicht errathen:

18

So sollt ihr mir die dreißig Hembe geben
Und dreißig Feierkleider. *)

Sie sprachen zu ihm:
Gib dein Räthsel uns auf,
Wir wollen es hören!

Er sprach zu ihnen:

Vom Fressenden kam Speise,
Vom Starken Süßigkeit!

In dreien Tagen konnten sie
Das Räthsel nicht errathen.
Am vierten sprachen sie
Zu Simsons Weib, berede deinen Mann,
Das Räthsel uns zu lösen;
Oder wir verbrennen dich
Und deines Vaters Haus mit Feuer.
Habt ihr geladen uns hierher,
Uns arm zu machen oder nicht?

Da weinte Simsons Weib vor ihm, sie sprach:
Du bist mir gram, hast mich nicht lieb;

---

*) Der Grieche gab dem, der den Sinn des Räthsels träf, größere Eßportionen, dem aber, der
ihn nicht errathen konnte, eine bittere Sauce
zum Trinken. Der Morgenländer, im heißen
Himmelsstrich, ißt nicht so viel, sondern hält um
der Reinlichkeit willen, mehr auf viele und feine
Kleider. Daher verspricht Simson jedem seiner
Gesellschafter ein Hemd, ein linnenes Unterkleid,
und ein Feierkleid, wenn sie sein Räthsel errathen würden.

Du gabst ein Räthsel auf den Söhnen
Meines Volkes, und hast mir's nicht geöffnet.
Er sprach zu ihr: sieh, ich hab' es
Meinem Vater und meiner Mutter
Nicht geöffnet, und sollte dir es öffnen?

Sie weinte sieben Tage lang vor ihm,
So lang sie Hochzeit hatten,
Doch an dem siebenten Tage löst er ihr
Das Räthsel, denn sie drang zu stark in ihn
Das Räthsel öffnete sie nun
Den Söhnen ihres Volkes.

Da sprachen die Männer der Stadt
Am siebenten Tage zu ihm,
Ehe die Sonne war untergegangen:

Was ist süßer als Honig?
Was ist stärker als Löwe?

Simson antwortete ihnen:

Hättet ihr nicht mit meiner Kalbinn *) gepflügt,
Ihr hättet mein Räthsel nicht aufgelöset ⁊c. **)

———————

*) Kalbinn, d. i. eine ganze Kuh. Die Morgenländer, auch die Griechen pflegen die Frauenzimmer oft mit einer Kuh oder Gazelle zu vergleichen, ohne unedel zu sprechen.

**) Richt. 14, 12 ff. Nach einer Uebersezung in der Geschichte der Israeliten vor Jesus, nach ihren heiligen Büchern für die Bedürfnisse unsrer Zeit bearbeitet ⁊c. Th. 2. Zerbst 1804.

Da sich das Räthsel auf den gefundenen Bie=
nenschwarm in dem Gerippe des einst von ihm
erschlagenen Löwen bezog, wovon ausser ihm nie=
mand etwas wußte; so konnte man dessen Auf=
lösung unmöglich nennen, um so mehr, da es in
dunkler Kürze poetisch ausgesprochen war.

2. Das Unersättliche.

Galuka hat zwo Töchter:
Gib her! gib her!
Drei Dinge sind nicht zu sättigen;
Vier sprachen nie: "Genug!"

Auflösung.

Das Todtenreich,
Und der verschlossene Mutterleib;
Die Erde, nie des Wassers satt,
Das Feuer, das nie sagt: "Genug! *)

Agur ist der Verfasser dieses Räthsels.
Galuka ist die Parze der morgenländischen Fabel.
Ihre zwo Töchter sind so unersättlich, wie sie;
ihr Name ist darum: gieb her, gieb her!
Der Aenigmatist gibt zuerst drei unersättliche Din=
ge zum Errathen an, bald aber vier. Und wie
wahr und schön ist nicht die Enthüllung des

*) Sprüchwörter 30, 15. 16.

Räthfels! Das Todtenreich hat nie Bewohner genug; auf stets neue Beute gehet der Tod aus. Der verschloffene Mutterleib, das unfruchtbare Weib hofft immer noch zu gebähren, und wird unerfättlich im Begatten. Die Erde wird nie des Waffers fatt, besonders im heissen, fandigen Orient. Das Feuer wird verzehrender, je mehr Holz man ihm zuwirft; es hat nie genug.

3. Vier verborgene Dinge.

Drei Dinge sind mir unbegreiflich,
Und auch das Vierte weiß ich nicht.

Auflöfung.

Des Adlers Gang zum Himmel,
Der Schlange Gang am Felsen,
Des Schiffers Gang im Meer,
Des Mannes Gang zu einer Jungfrau. *)

Auch dieses Räthfel wird dem witzigen Agur zugeschrieben. Wer kann dem Adler nachfliegen, oder wer kennt den Gang genau, den er, im Flug zur Sonne, nahm? Wer mag der Schlange nachkriechen, und wer den Weg bezeichnen, als fie über einen Felsen fich wälzte? Wer kennt die

---

*) Sprüchw. 30, 18. 19.

Strase, als das Schiff eilend die Fluthen durch=
schnitt? Wer kennt des Mannes Gang zum Her=
zen der Jungfrau? Wer versteht die Entstehung
des Menschen?

4. Vier äusserst beschwerliche und unerträgliche Dinge.

Drei Dinge machen die Erde erzittern,
Und auch ein Viertes kann sie nicht ertragen.

Auflösung.

Ein Sclav, der König wird,
Ein Narr, der satt des Brodes ist,
Eine Geschiedene; die wieder Frau wird,
Die Magd, die ihre Gebieterinn erbt. *)

5. Vier kleine, sehr geschäftige Wesen.

Vier Thierchen sind die kleinsten auf der Erde,
Und sind doch weiser als die Weisesten.

Auflösung.

Das Ameis=Völkchen ohne Heldenstärke,
Das sich im Sommer seine Nahrung sammelt.

---

*) Sprüchw. 30, 21. — 23.

Bergmäuſe, auch ein Völkchen ohne Stärke,
Und legen doch ihr Haus im Felſen an.
Heuſchrecken; über ſie regiert kein König,
Doch ziehen alle wie gemuſtert aus.
Die Cidechs, die man leicht mit Händen greifet
Und doch in Königes Palläſten wohnt.   *)

6. Vier Dinge vom ſchönſten Schritte.

Drei Dinge haben den ſchönſten Schritt,
Und auch das Vierte einen ſchönen Gang.

Auflöſung.

Der Leu, der Held unter den Thieren,
Nie kehrt er um vor Feindes Blick.
Der Hahn, der Stolz auf ſeine Sporen tritt,
Der Widder — —
Ein König bei ſeines Volks Verſammlungen. **)

*) Sprüchw. 30, 24. — 28.
**) Sprüchw. 30, 29. — 31.

11.

Denk- und Weisheits-Sprüche.

Durch Nachsinnen, Empfinden und Handeln zieht sich der verständige Mensch gewisse Lebensregeln ab, und sucht sich solche, in kurzen Denksprüchen, unvergeßlich zu machen. Gnomen, Denk- und Weisheits-Sprüche sind daher in den ersten Zeiten der Entwicklung des Menschengeschlechts zu erwarten. Man kann wohl, bei allen Völkern, eine Sammlung derselben finden. Auch die Hebräer haben sie. Salomo, durch Verstand, Witz, Liebe, Schönheit, der Wunder-König seiner Zeit, sprach, in seiner Umgebung, eine Menge von geistreichen, witzigen, launigten, scherzhaften Sentenzen, bald religiösen und moralischen, bald politischen und ökonomischen Innhalts, aus; man sammelte sie, und fügte noch mehrere von andern weisen Männern hinzu. Unter den vielen treflichen, beherzenswerthen Gnomen stehen hier nur folgende :-

Von ganzem Herzen traue deinem Gott,
Doch stütze nie auf deine Einsicht dich.
Verehre ihn auf allen deinen Wegen,
So wird er ebnen deines Lebens Bahn.

Sey nicht in deinen Augen klug,
Ehr' Gott, und wende dich vom Bösen ab.

Dieß wird Gesundheit deinem Körper seyn,
Erquickung seyn für jedes Glied von dir.

Mit deinem Reichthum ehre Gott,
Und mit den Ersten deiner Früchte ihn:
Dann werden deine Scheunen voll,
Voll Mostes deine Keltern überfließen. *)

Dem Manne Heil, der Weisheit fand,
Und dem, der Einsicht sich verschafft.
Ihr Preis ist schöner, als des Silbers Preis,
Und mehr als Gold ist ihr Gewinn.
Kostbarer als Korallen ist ihr Werth,
Und alles Kleinod ihr nicht gleich.
In ihrer Rechten hält sie Lebensfrist,
In ihrer Linken Ruhm und Ueberfluß.
Ihre Wege sind anmuthsvolle Wege,
Und Friede ist auf allen ihren Pfaden.
Sie ist ein Lebensbaum
Für jeglichen, der sie ergreift.
Heil dem, der fest sich an sie hält! **)

Gehe du, Fauler, zur Ameise hin,
Schau auf ihre Wege, und —
Werde verständig.
Sie, ohne Fürst, Führer und Regent,

---

*) Sprüchw. 3, 5. — 10.

**) Sprüchw. 3, 13. — 18.

Sorgt im Sommer für ihr Futter,
Und sammelt in der Aerndte ihre Speise.

Wie lange, Fauler, bleibst du liegen?
Wann stehst du auf vom Schlaf?
Schlaf ein wenig noch,
Schlummere ein wenig noch,
Noch strecke die Hände ein wenig aus,
Schlafe ein!
Geschwind wie ein Läufer, wird die Armuth
Ueber dich kommen, und der Mangel
Wie ein bewapneter Mann. *)

Der Anfang zur Weisheit ist Religion;
Heiliger Sinn ist Verstand. **)

Bist du weise: so bist du dir weise;
Bist du ein Verächter: so strafst du dich allein. ***)

Ein weiser Sohn erfreuet seinen Vater,
Ein Thörichter ist seiner Mutter Kummer.

Lässige Hand macht arm,
Emsige Hand macht reich.

----

*) Sprüchw. 6, 6. — 11.

**) Sprüchw. 9, 10.

***) V. 12.

Wer im Sommer sammelt, ist der Klugheit
Sohn,
Wer zur Aerndte schläft, ist der Schande Sohn.

Das Andenken des Gerechten bleibt im Segen;
Des Ungerechten Name wird stinkend.

Der wahrhaft Weise nimmt Lehren an,
Der lose Schwätzer stürzet nieder.

Wer grad fortgeht, geht sicher.
Wer krumme Wege geht, ist stets in Furcht. *)

Haß erwartet Hader,
Liebe deckt alle Vergehungen zu.

Des Gerechten Geschäfte führt zum Glück,
Des Ungerechten Gewinn ist Unglück.

Wenn man viel spricht, fehlt's an Vergehungen nicht.
Wer seine Lippen im Zaum hält, ist klug.

Gottes Segen macht reich,
Ohne Zugabe von Kummer.

Was der Ungerechte fürchtet, trift ihn,
Was die Gerechten verlangen, wird ihnen gegeben.

————————

*) Sprüchw. 10, 1. 4. 5. 7. 8. 9.

Gottessinn mehret die Tage,
Die Jahre der Gottlosen werden verkürzet. *)

Ueber das Glück des Gerechten freut sich ein
Staat,
Beim Untergang des Frevlers frohlocket man.

Durch den Segen der Redlichen erhebt sich ein
Staat;
Durch der Ungerechten Mund wird er zerstöhrt,

Ohne Regierung sinket das Volk,
Bei vielen Berathern geht es ihm wohl. **)

Wer Gutes sucht, erwirbt sich Gunst;
Wer Böses sucht, den überfällt es.

Wer sich auf seinen Reichthum stützt, der fällt;
Doch wie ein Blatt grünen die Gerechten.

Ein Geringer, der seinen Knecht hat,
Ist besser, als ein Prahler, dem's Brod fehlt.

Wer die Wahrheit redet, wird immer bestehen,
Aber die Lügen = Zunge bestehet nicht lange. ***)

---

*) Sprüchw. 10, 12. 16. 19. 22. 24. 27.
**) XI, 10. 11. 14.

***) Sprüchw. 11, 27. 28.

Dummheit mit Hochmuth weckt Zank
Bei den Einträchtigen ist Weisheit.

Bei Eitelkeit nimmt Reichthum ab;
Sammelt man unter der Hand, so wird er groß.

Wer mit Weisen umgeht, wird weise,
Der Thoren Geselle geht zu Grund. *)

Wer die Ruthe schont, fasset seinen Sohn;
Wer ihn liebt, erzieht ihn früh. **)

Volksmenge macht den König groß,
Entvölkerung bringt ihm Verderben.

Tugend erhöhet ein Volk,
Laster ist der Völker Verderben. ***)

Eine sanfte Antwort stillet den Zorn,
Bittere Worte fachen ihn auf.

Der Weisen Mund ertönt von Sittenlehren,
Der Thoren Mund strömt Thorheit aus.

Ein frohes Herz heitert das Angesicht auf;
Den Geist schlägt Herzens = Kummer nieder.

––––––––––

*) 13, 10. 11. 20.
**) Sprüchw. 13, 24.
***) 14, 28. 34.

Beſſer wenig mit Gottesfurcht,
Als ein großer Schatz mit Unruhe.

Beſſer ein Gericht Gemüſe bei Liebe,
Als ein Maſtochs unter Feinden. *)

Wer der Zucht ausweicht, iſt ſeiner Seele feind;
Wer Beſtrafungen Gehör gibt, erwirbt Verſtand.**)

Durch Liebe und Frömmigkeit wird die Sünde
verſöhnt,
Durch Religion entgeht man dem Uebel.

Wenn Gott die Unternehmungen eines Menſchen
begünſtigt:
So arbeiten auch ſeine Feinde zu ſeinem Glück.

Des Menſchen Geiſt macht Plane ſich,
Doch gibt ihm Gott die Richtung.

Vor dem Untergang kommt Stolz,
Hochmuth vor dem Fall.

Graue Haare ſind ein prächtiger Kopfſchmuck.
Auf dem Wege der Tugend findet man ihn.

Der Langmuthige iſt beſſer, als der Held,
Und der Selbſtbeherrſcher beſſer, als der Städ-
teeroberer ***)

---

*) 15, 1. 2. 13. 16. 17.

**) Sprüchw. 15, 32.

***) 16, 6. 7. 9. 18. 32.

Wer des Dürftigen spottet,
Verhöhnt den, der ihn schuf.
Wer sich seines Unglücks freut,
Bleibt nicht ungestraft.

Engel sind der Greise Zier;
Und der Kinder Ehre sind die Väter.

Wer Beleidigungen birgt, sucht Eintracht,
Wer die Worte dreht, trennt Vertraute.

Einem Bären, dem seine Jungen geraubt sind,
Und einem Narren in seiner Narrheit begegnen,
Ist eins?

Wer Gutes mit Bösem vergilt,
Von dessen Haus weicht auch das Böse nicht.

Zu allen Zeiten sollen Freunde sich lieben,
Für die Noth werden Brüder geboren. *)

Wer in seinem Geschäfte nachläßig ist,
Ist des Verschwenders Bruder. **)

Wer eine Ehefrau findet, findet Gutes
Gottes Beifall wird er erhalten.

---

*) Sprüchw. 17, 5. 6. 9. 12. 13. 17.

**) 18, 9.

Ein Mann von vielen Freunden,
Hat sie zu seinem Schaden,
Ein wahrer Freund ist treuer
Als ein Bruder oft. *)

Schon Unachtsamkeit auf sein Leben ist nicht gut,
Wer schnell mit den Füßen ist fällt leicht.

Wer das Gesetz hält, erhält sich selbst;
Gesetzverächter gehen zu Grund.

Wohlthat an Dürftige ist Darlehn an Gott;
Mit Wucher gibt er's ihm wieder **)

Wein macht toll,
Und stark Getränke wild;
Jeder Taumelnde handelt nicht weise.

Wer darf sagen, mein Herz ist rein?
Ich bin von jeder Sünde frei? ***)

Liebe den Schlaf nicht, du verarmest sonst;
Liebe offene Augen, und du hast Brods genug.

Sprich nicht: ich will Böses vergelten.
Vertraue Gott, der wird dir helfen. ****)

---

*) Sprüchw. 18, 24
**) 19, 2. 16. 17.
***) 20, 1. 9.
****) Sprüchw. 20, 13. 22.

Es ist besser, im Dachwinkel sitzen,
Als bei einem zänkischen Weibe
In einem Hause beisammen.

Wer Lustbarkeiten liebt, wird arm,
Wer Wein und Oel liebt, wird nicht reich. *)

Ein guter Name ist köstlicher, als grosser Reichthum;
Beliebt seyn, edler, als Silber und Gold.

Wozu man den Knaben gewöhnt,
Davon weicht er, auch wenn er alt geworden,
nicht ab.

Beraube den Dürftigen nicht, weil er dürftig ist,
Und unterdrücke den Dürftigen nicht vor Gericht **)

Wer muß Wehe rufen? Wer ächzen?
Wer hat Zank? Wer Seufzer?
Wer Wunden ohne Noth? Wer blaue Augen?
Die beim Weine die letzten sind,
Und die kommen, den Wein zu erforschen.

Siehe den Wein nicht, wie er sich roth macht,
Wie er im Becher Perlen wirft,
Wie er so leicht hinunterschleicht.
Zuletzt sticht er wie eine Schlange,
Und verwundet wie ein Cerast. ***)

---

*) 21, 9. 17.
**) 22, 1. 6. 22.
***) Sprüchw. 23, 29. 30. 31. 32.

19

Der Weise ist fest,
Der Mann von Verstand hat Heldenstärke.

Läßt du den Muth sinken zur Unglücks Zeit,
So ist deine Kraft sehr engbegrenzt.

Eine schickliche Antwort ist wie ein Kuß auf
die Lippen *)

Wie goldne Aepfel in silbernen Schalen
Sind Worte in zierlicher Ordnung gesprochen.
Wie Wolken und Wind ohne Regen:
So ist ein Mensch, der falsch mit seiner Frei-
gebigkeit prahlt.

Ist dein Feind hungrig, so speise ihn;
Ist er durstig, so tränke ihn:
Glühende Kohlen bringst du auf sein Haupt
Und Gott wird dich belohnen. **)

Ist kein Holz da, so verlöscht das Feuer;
Kein Plauderer, so wird Zwist gestillt.
Kohlen nähren die Gluth, Holz das Feuer,
Ein Zänkischer angefachter Zwist. ***)

Auf den morgenden Tag sey nicht stolz,
Denn du weißt nicht, was der heutige erzeuget.

_____

*) 24, 5. 10. 26.

**) Sprüchw. 25, 11. 14. 21.

***) 26, 20.

Laß dich von Fremden loben
Und nicht von deinem Mund,
Aus anderen und nicht aus deinen Lippen. *)

Grimm ist wild, Zorn hinreissend;
Wer kann gegen Eifersucht aushalten?

Deinen Freund und deines Vaters Freund ver-
laß nicht
Du mußt am UnglücksTage dann
In deines Bruders Haus nicht gehen.
Ein Freund in der Nähe ist besser,
Als ein Bruder in der Ferne.

Eisen wird durch Eisen geschärft;
So schärft einer den Blick des andern.

Wer seinen Feigenbaum hütet,
Genießet die Frucht davon;
Wer seinen Oberherrn beschützt,
Wird groß gemacht. **)

Lern deine Schafe kennen,
Und gib auf deine Heerden acht.
Denn Reichthum währet nicht ewig
Und die Krone geht nicht von Familie auf Familie.
Es blickt das junge Gras hervor,
Es zeigen sich die zarten Kräuter.

---

*) 27, 1. 2.
**) Sprüchw. 27, 4. 10. 17. 18.

Man sammelt das Heu von den Bergen.
Es kleiden Lämmer dich,
Böcke bezahlen deine Felder.
Ziegenmilch schaft dir und deinem Hause
Nahrung genug und deinen Mägden Erquikung *)

Viele Fürsten sind des Landes Strafe.
Durch einen Mann von Einsicht und Erfahrung
Erhält es lange Dauer.

Kommen die Gerechten zur Höhe, so jauchzet man;
Kommen die Ungerechten empor, so verbirgt
      man sich.

Wer seine Missethat leugnet, dem gelingts nicht;
Wer sie aber bekennt und lässet, wird begnadigt.

Wie ein brüllender Löw und hungriger Bär;
So fällt über das schwache Volk ein gottloser
      Regent.

Zuletzt erhält der Tadler mehr Dank als der
      Schmeichler. **)

---

*) Sprüchw. 27, 23 — 27.

**) 28, 2. 12. 13. 15. 23.

Lob der braven Frau. *)

Wer eine brave Frau gefunden,
Den übertrift Korallen selbst ihr Werth.
Das Herz des Mannes mag ihr sicher traun,
Ausbeute fehlt ihm nie.
Sie thut ihm Gutes — und nichts Böses,
Durch alle Tage ihres Lebens.

Wolle und Baumwolle sucht sie
Und verarbeitet sie mit froher Hand.
Gleich einem Kaufmannsschiff ist sie,
Von fernher führt sie ihren Unterhalt.

Noch eh' es dämmert, steht sie auf,
Und theilt den Hausgenossen Speise,
Theilt den Mägden ihre Arbeit zu.

Nach Andern trachtet sie, die sie erhält.
Von den Früchten ihrer Hände pflanzt
Sie einen Weinberg an.

Sie gürtet ihre Lenden fest
Und stärket ihre Arme.
Sie fühlt, wie nützlich ihr Gewerbe ist,
Drum löscht ihr Licht die ganze Nacht nicht aus.

----

*) Dieses Gedicht ist, in der hebräischen Urschrift alphabetisch, und daher in demselben kein strenger Zusammenhang zu suchen.

Sie streket ihre Hand zum Rocken aus;
Die Spindel greifet sie mit flacher Hand.

Sie öffnet den Armen ihre Hand,
Und bietet sie dem Dürftigen.
Sie fürchtet nicht den Winter für ihr Haus,
Zwiefach bekleidet ist ein jeder drinn.
Sie hat sich Decken selbst mit Müh gewebt,
Baumwollenes und purpurnes Gewand.

Ihr Mann ist in der Rathsversammlung groß;
Er kehret mit des Landes Greisen heim.

Sie macht Schleier und verkaufet sie,
Der Kaufmann kauft ihr Gürtel ab.
Würde und Schmuck ist ihr Gewand;
Dem andern Tag lacht sie entgegen.

Mit Weisheit öffnet sich ihr Mund;
Es ruht auf ihrer Zung' ein lieblicher Befehl.

Sie achtet auf der Hausgenossen Thun,
Und Brod für Träge gibt sie nicht.

Ihre Söhne treten auf, und preisen sie hoch
Selbst ihr Mann lobsinget ihr:

„Viel Töchter bringen Reichthum,

„Du aber übertrifft sie alle.

„Anmuth ist Wahn, und Schönheit Dunst.

„Ein biedres Weib allein verdient den Preis.

„Lobt sie ob ihrer Hände Werk,

„Preißt in der Volksversammlung ihr Geschäft. *)

Schönes liebliches Bild eines tugendhaften, flei=
ßigen Weibes. Es ist nach dem Häußlichen
Leben gezeichnet, voller Natur und Wahrheit.
O der Seeligkeit des Mannes, der ein Weib,
nach diesen Zügen findet!

---

*) Sprüchw. 31, 10 — 31.

12.

Es schließe diese Sammlung der schönsten Gei=
stes = Blüthen des heiligen Orients, mit dem Lie=
de voll GlaubensSehnsucht und Hoffnung in die
ferne Zeit, von dem verklärten Herder, in dem
hellesten seligsten Augenblicke seines Lebens ge=
sungen.

Die künftige goldne Zeit,
eine Aussicht der Propheten.

Ja du blühst vor mir, du schöne Aue
Der Propheten! o wer gibt mir Flügel,
Ganz dich zu durchschweben! jeder Blüthe
Balsamthau und süßen Keim zu kosten,
Mich zu wiegen auf der Morgenrose
Blättern, und auf ihr sanft einzuschlummern.

Goldne Zeit! erquikend schon im Bilde! —
Wenn die Wüste blühet, wie der Karmel!
Lilien entsprießen aus der Dürre,
Stachellose Rosen aus den Dornen,
Milch und Honig rinnt! — des Menschen Leben
Und des Freundes Lipp' ist Milch und Honig.

Goldne Zeit! Ich seh den Baum aufsprießen,
Der ein Lebensbaum wird allen Völkern.
Seine Früchte Labsal für den Matten,
Seine Blätter Arzenei dem Kranken,
Und sein Schatte Zuflucht; und sein Athem
Himmelsgeist, ein Hauch des Paradieses.

Goldne Zeit! Jehova kommt hernieder,
Wie ein guter Hirt sein Volk zu weiden.
Das Verirrte sucht er und das Matte,
Kranke Lamm erquickt er sich am Busen.
Freue Menschheit dich! der Menschen Vater
Wird ihr Bruder, wird ihr Freund und Heiland.

Einer ist Jehova, und sein Name
Ist nur Einer! Keiner wird den andern
Kennen lehren seinen Gott und Vater,
Den sie alle kennen. Gottes Weisheit
Deckt das Land umher und Gottes Friede,
Wie der Meergrund ist bedeckt mit Wellen.

Kein Verführen, Höhnen und Verderben
Ist da mehr auf Gottes heilgem Berge.
Wolf und Lamm, sie weiden mit einander;
Löw' und Tiger gehn in zahmer Heerde:
Und das süße Kind streckt in der Otter
Nest die Hand, liebkosend mit der Schlange.

Kriegen lernen dann nicht mehr die Völker!
Ihre Schwerdter werden Sicheln wieder,
Ihre Spieße Pflugschaar; denn des Vaters
Oelbaum grünet für den Sohn und Enkel,
Und das zarte Weib beschützt den Helden;
Sie der Kinder, sie des Hauses Krone.

Kommt Jehova? Oefnet sich der Himmel
Schon mit Nektarströmen? O er käme,
Daß die Wolken Balsam niederthauten
Und die Erde neu Gewächs aufsprosse!
Daß der Blinde säh', der Taube hörte
Und des Stummen Zunge sänge Lieder! —

Ja er kommt! Frohlockt ihr blöden Armen!
Wie die Rehe hüpft ihr zarten Lämmer!
Euer Gott kommt! Schaut den Friedenskönig!
Euer Gott kommt! und er wird euch helfen.
Salem steigt hervor, die Stadt des Friedens,
Gottes und der Ruhe ewge Wohnung.

Wo der Unschuld Specereien duften,
Wo nur Dankgebet gen Himmel steiget:
Tod ist nicht mehr, noch Wehklag und Trennung! —
Denn die letzte Thräne von den Wangen
Trocknet Gott! — Er ihre Sonn' und Kühlung! —
Er ihr Lamm auf ewig grünen Auen.

Sohn der Jungfrau! heilger schöner Palmbaum
Unter deinem Schatten will ich ruhen:
Denn er weht dem Matten süße Kühlung,
Ist dem Schwachen neue Himmelstärke.
Deiner Lippen Frucht ist ewges Leben
Und dein Athem Hauch des Paradieses.

Bei dem Verleger dieser Geistes-Blü-
then des ältesten Orients sind auch
die sämmtlichen Schriften des Herrn
Doktor Scherer zu haben.

Religions Geschichte für die Jugend. 2.
Thl. 3te Aufl. Giesen 1803.

Der Brief Jakobus neu übersetzt und philo-
sophisch praktisch erklärt. Giesen 1790.

Bibelkommentar, zum Handgebrauch für Prediger, Schullehrer und Layen 7 Bde. Altenburg
1799 — 1805.

Heilige Reden zur Belehrung und Beruhigung
für die Kinder des Lichts, 1. und 2. Band.
Lemgo 1799.

Sammlung auserlesener Homilien. Frankfurt.
1799.

Homiletisch liturgisches Archiv. 4 Stücke. 1800.

Ausführliche Erklärung der sämmtlichen mes-
sianischen Weissagungen des A. T.
Altenb. 1801.

Archiv zur Vervollkommnung des Bibelstudiums. 1. St. Hamburg 1801.

Historische Einleitung zum richtigen Verstehen der Bibel. Für Gymnasien und Schulen. Halle 1802.

Karten und Kupfer zur historischen Einleitung in die Bibel gehörig. Das. 1802.

Stadt=und Landprediger für alle vorkommende Prediger = Geschäfte. 1. und 2ter Thl. Bayreuth. 1802 und 1804.

Neue Predigten zur edlen Bildung des Geistes und Herzens. 1. und 2ter Bd. Nürnberg. 1802. und 1803.

Geschichte der Israeliten vor Jesu, nach ihren heiligen Büchern. 1. und 2ter Thl. Zerbst 1803. u. 1804.

Ausführliche Erklärung der sämmtlichen Weissagungen des N. T. ꝛc. 1803.

Kleine Bibel. Lpz. 1803.

Schriftforscher, zur Belehrung eines gründlichen Bibelstudiums und Verbreitung der reinen verschönernden Religion. 1. Bd. 4 Stücke. 2

Bd. 2. Stücke: Weimar und Altenburg. 1803 1804.

Katechetisch praktisches Handbuch über die biblische Geschichte. 1. und 2ter Thl. Lpz. 1803.

Biblische Völkergeschichte. Lpz. 1804.

Ausführliche Erklärung der Weihungen aller Propheten des A. und N. T. Lpz. 1804.

Neue allgemeine Liturgie für Stadt und Landprediger. Für die Bedürfnisse unserer Zeit. Mit dem Portrait des Verfassers. Frkft. 1805.

Religions = Geschichte des A. und N. T. für die Jugend, von einem katholischen Religionslehrer für die Schulen umgearbeitet. Würzburg 1806.

Das Vaterland in Gefahr, Gott ihm Retter, dem sey Lob und Dank! Eine Predigt nach der Schlacht bey Jena. Gießen 1806.

Allgemeines Lehrbuch der biblischen und Religions = Geschichte für Kinder. Mannheim 1807.

Erklärung der Sonn-und Festtags-Epi-
steln-und Evangelien-Abschnite für
die Jugend. Köthen. 1808.

Die Leiden der Thiere; ein Buch für Je-
dermann, besonders für die Jugend. Mit 8
Kupfern. Lpz. 1808.